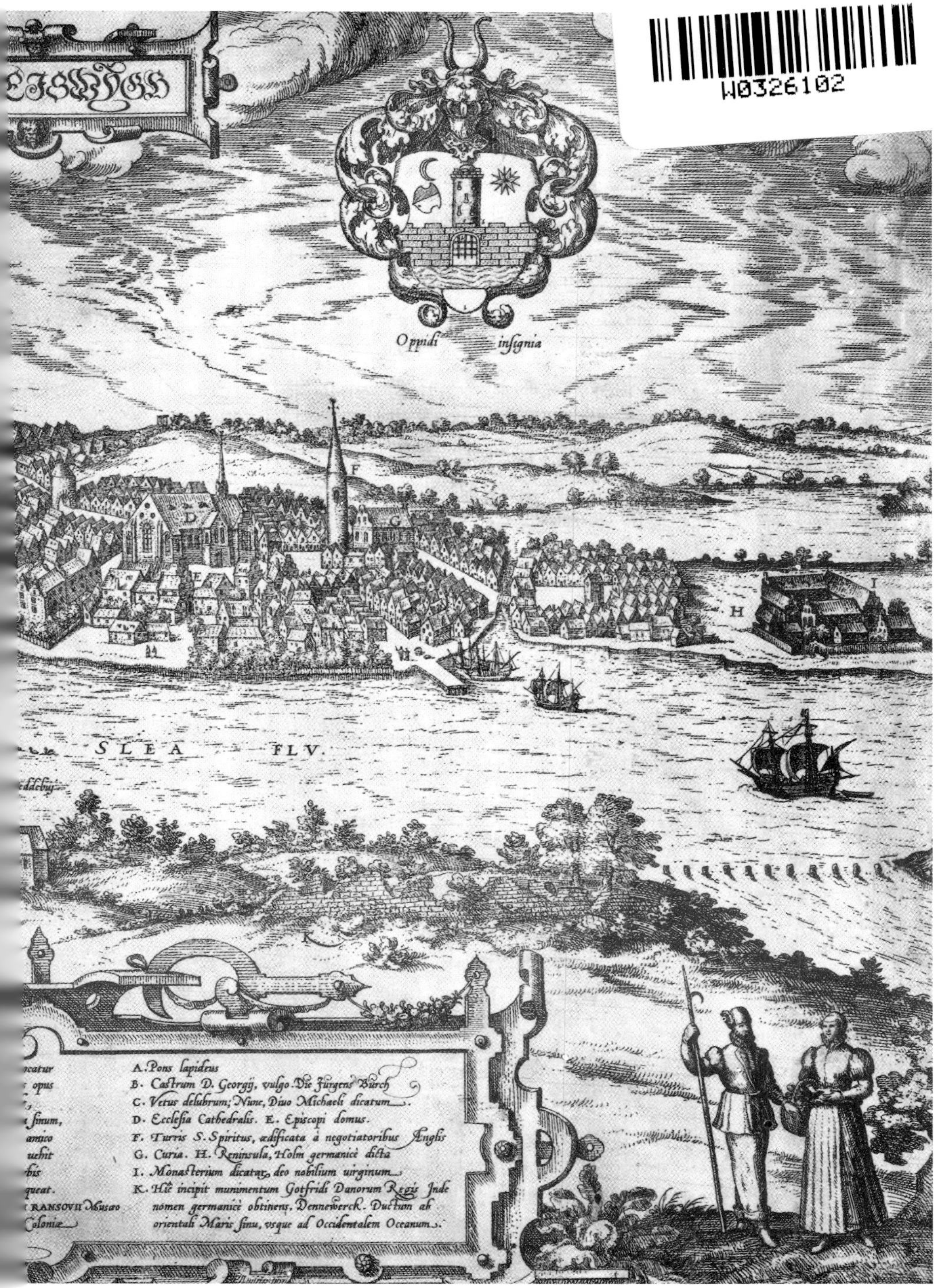
Oppidi insignia
SLEA FLV.
A. Pons lapideus
B. Castrum D. Georgij, vulgo. Die Jürgens Burch
C. Vetus delubrum; Nunc, Diuo Michaeli dicatum.
D. Ecclesia Cathedralis. E. Episcopi domus.
F. Turris S. Spiritus, ædificata à negotiatoribus Anglis
G. Curia. H. Peninsula, Holm germanicè dicta
I. Monasterium dicatam deo nobilium virginum.
K. Hîc incipit munimentum Gotfridi Danorum Regis Inde nomen germanicè obtinens, Dennewerck. Ductum ab orientali Maris sinu, vsque ad Occidentalem Oceanum.

Unseren Freunden und Förderern

PROVINZIAL

Provinzial Brandkasse
Versicherungsanstalt
Schleswig-Holstein

Provinzial Leben
Versicherungsanstalt
Schleswig-Holstein

Kleiner Staat ganz groß
Schleswig-Holstein-Gottorf

Von Dieter Lohmeier

Westholsteinische Verlagsanstalt
Boyens & Co., Heide

KLEINE SCHLESWIG-HOLSTEIN-BÜCHER · BAND 47

Herausgegeben von den
Provinzial-Versicherungen, Kiel

Wissenschaftlicher Betreuer: Prof. Dr. Dieter Lohmeier

Vorderer Vorsatz:
Die Stadt Schleswig und die herzogliche Residenz Gottorf. Radierung (1584) aus dem 4. Band der „Civitates orbis terrarum" (1588) von Georg Braun und Franz Hogenberg.

Hinterer Vorsatz:
Schloß Gottorf von Süden. Kupferstich aus dem 2. Band von Laurids de Thurahs Architekturwerk „Den danske Vitruvius", Kopenhagen 1749.

ISBN 3-8042-0793-6

Herstellung: Westholsteinische Verlagsdruckerei Boyens & Co., Heide in Holstein
Printed in Germany

INHALT

Abb. 1 Das Hauptportal im Südflügel von Schloß Gottorf

Wer sich mit der Geschichte Schleswig-Holsteins in der Frühen Neuzeit nicht eingehender befaßt hat, glaubt doch eines von ihr mit Sicherheit zu wissen: daß sie schrecklich kompliziert und eigentlich unverständlich ist. Jeder Blick auf eine historische Karte des Landes im 17. Jahrhundert (Abb. 2) scheint das zu bestätigen. Doch das kleinteilige und unübersichtliche Durcheinander von Farbflecken läßt sich auf ein verhältnismäßig einfaches Grundmuster zurückführen. Dieses aber muß man kennen, um verstehen zu können, was der Staat der Herzöge von Schleswig-Holstein-Gottorf überhaupt war, denn er läßt sich – im Unterschied zu einem heutigen Staat – durch sein Territorium nur höchst unvollkommen definieren.

Die historische Landkarte

Vorauszuschicken ist, daß es im folgenden nur um die beiden Herzogtümer Schleswig und Holstein geht; das Herzogtum Lauenburg hat in der Frühen Neuzeit noch seine eigene Geschichte und kommt erst 1815 zum Staatsverband hinzu. Schleswig umfaßt das Gebiet von der Eider bis zur Königsau, mit Ausnahme einiger Enklaven an der Westküste, die zum Königreich Dänemark gehören wie die ganze Insel Amrum, der westliche Teil der Insel Föhr und die Nordspitze der Insel Sylt, um nur diejenigen zu nennen, die innerhalb der heutigen Landesgrenzen liegen. Dagegen gehören mehrere Ostseeinseln ganz zu Schleswig, nämlich Alsen (Als), Aerö (Ærø) und Fehmarn. Das Herzogtum Holstein erstreckt sich zwischen Eider, Elbe und Trave. Die Bauernrepublik Dithmarschen gehört zunächst nicht dazu, wird aber 1559 unterworfen und faktisch eingegliedert. Hingegen gehört die Freie Reichsstadt Lübeck mit ihrem Streifen Landbesitz um den Unterlauf der Trave weder rechtlich noch faktisch zum Herzogtum Holstein. Hamburg mit seinem Landbesitz in den Marschlanden zwischen Bille und Elbe wird staatsrechtlich zwar erst im 18. Jahrhundert aus dem Herzogtum Holstein entlassen, ist aber faktisch schon in der ganzen Frühen Neuzeit eine Freie Reichsstadt. Aus dem Herzogtum Holstein ausgegliedert ist auch der Landbesitz des Bischofs von Lübeck nordöstlich der Stadt und vor allem um seine Residenz Eutin. Im Unterschied zum Besitz des Bischofs von Schleswig um Schwabstedt, der 1556 praktisch kassiert wurde, da sich zunächst der Gottorfer Herzog und später der König von Dänemark zum Bischof wählen ließen, überstand derjenige des Bischofs von Lübeck nicht nur die Reformation unbeschadet, sondern blieb auch nach dem Westfälischen Frieden noch erhalten; er war fortan das einzige protestantische geistliche Fürstentum im Heiligen Römischen Reich deutscher Nation. Und schließlich ist da noch die Herrschaft Pinneberg als letzter Rest der Landesteilungen, die die Grafen von Holstein aus dem Geschlecht der Schauenburger im Mittelalter

Stammtafel zur Geschi

Dänemark

Friedrich I.
(1471–1533)

Christian III.
(1503–1559)

Hans d. Ä.
(1521–1580)
Hadersleben

Friedrich II.
(1534–1588)

Hans d. J.
(1545–1622)
Sonderburg

Christian IV.
(1577–1648)

Augusta
(1580–1639)

Friedrich II.
(1568–1587)

Philipp
(1570–1590)

Friedrich III.
(1609–1670)

Christian V.
(1646–1699)

Friederike Amalie
(1649–1704)

Hedwig Eleonora
(1636–1715)

C

Friedrich IV.
(1671–1730)

Christian VI.
(1699–1746)

Friedrich V.
(1723–1766)

Christian VII.
(1749–1808)

der Gottorfer Herzöge

ttorf — Schweden

olf (–1586) — Friedrich (1529–1556) Bischof Schleswig

Adolf (–1616) — Johann Friedrich (1579–1634) Erzb. v. Bremen/B. v. Lübeck

ch III. (–1659) — Hans (1606–1655) B. v. Lübeck

Albrecht (–1694) — August Friedrich (1646–1705) B. v. Lübeck ⚭ Karl X. Gustav (1622–1660)

Karl XI.

ch IV. (–1702) — Christian August (1673–1726) B. v. Lübeck ⚭ Hedwig Sophie (1681–1708) — Karl XII. (1682–1718)

edrich (1739) — Friedrich Aug. (1711–1785) — Johanna Elisabeth (1712–1760) — Adolf Friedrich (1710–1771)

Sophie Auguste Friederike (1729–1796)

r Ulrich (1762) r III. ⚭ = Katharina II.

I. (1801)

mehrfach mit ihrem Besitz vornahmen. Sie wurde 1390 von Holstein getrennt und in Personalunion mit der Grafschaft Schaumburg an der Weser vereinigt, fiel aber 1640 im Erbgang an Holstein zurück und wurde dann zwischen den beiden Landesherren geteilt.

Landesteilungen prägen die Geschichte der Herzogtümer Schleswig und Holstein auch noch in der Frühen Neuzeit, obwohl in dieser Epoche der mittelalterliche Staat, der sich durch persönliche, vornehmlich lehnsrechtliche Bindungen definierte („Personenverbandsstaat"), durch den modernen Territorialstaat mit festen Grenzen abgelöst wird. In diesem Ablösungsprozeß bleiben aber noch lange mittelalterliche Reste wirksam, darunter die Gewohnheit der Fürsten, das von ihnen regierte Territorium mehr oder minder als Privateigentum zu behandeln und deswegen auch nach Bedarf unter den Söhnen oder mit den Brüdern zu teilen, um diese mit möglichst standesgemäßen Einkünften zu versorgen. Gegen diese Praxis meldet sich in der Frühen Neuzeit Widerstand, der sich aber nur allmählich durchsetzen kann. In den Herzogtümern Schleswig und Holstein entsteht aus diesem Wechselspiel der historischen Kräfte die buntscheckige Landkarte des 17. Jahrhunderts.

Am Anfang steht der Vertrag von Ripen vom Jahre 1460. Damals wurde König Christian I. von Dänemark (1426–1481) aus dem Hause der Grafen von Oldenburg zum Herzog von Schleswig und Holstein gewählt. Damit war eine Personalunion zwischen dem Königreich und den Herzogtümern geschaffen, die bis zur Mitte des 19. Jahrhunderts Bestand hatte. Die Wähler Christians I. waren vor allem Angehörige der schleswig-holsteinischen Ritterschaft, und diese hatten ein Interesse daran, daß die Vereinigung der beiden Herzogtümer in der Hand *eines* Fürsten, die seit 1440 bestand, nicht wieder aufgegeben wurde. Deshalb ließen sie sich als Gegenleistung für die Wahl bestätigen, daß die beiden Herzogtümer auf ewig ungeteilt beisammen bleiben sollten. Das hinderte aber schon den Sohn Christians I., König Hans (1455–1513), nicht daran, eine Schwächung der Ritterschaft auszunutzen, um 1490 die beiden Herzogtümer mit seinem jüngeren Bruder Friedrich (1471–1533) zu teilen. Diese Teilung war aber nur vorübergehend, denn 1523 wurde Hans' einziger Sohn Christian II. (1481–1559) von den dänischen Ständen als König von Dänemark abgesetzt und sein Onkel als Friedrich I. zu seinem Nachfolger gewählt, so daß es jetzt wieder nur einen Herzog von Schleswig und Holstein gab. Folgenreicher war hingegen die nächste Landesteilung, denn mit ihr entstanden das Haus der Herzöge von Schleswig-Holstein-Gottorf und ihr Staat.

Der älteste Sohn und Nachfolger Friedrichs I., König Christian III. (1503–1559), teilte 1544 die Herzogtümer Schleswig und Holstein mit seinen jüngeren Halbbrüdern Hans d. Ä. (1521–1580) und Adolf (1526–1586) zu gleichen Teilen, während der jüngste Halbbruder Friedrich (1529–1556) als Bischof von Schleswig abgefunden wurde. Bei diesem Vorgang war ein Kompromiß zwischen dem Teilungswunsch des Königs und dem Interesse der Ritterschaft an der Aufrechterhaltung der Einheit möglich, weil die Herzogtümer, insofern sie einen Personenverband darstellten, *nicht* geteilt wurden, sondern beisammen blieben. Dieser Personenverband waren die Stände – und das heißt vor allem: die Angehörigen der Ritterschaft – als Repräsentanten der Herzogtümer und ihrer Bewohner. Sie wurden fortan von den drei Landesherren gemeinsam regiert; in den ständischen Institutionen, dem Landtag und dem Landgericht, führte jeweils einer der drei in jährlichem Wechsel den Vorsitz, aber er tat das niemals nur in seinem eigenen Namen sondern immer zugleich auch für die beiden anderen Landesherren. Im Kartenbild findet das darin seinen Niederschlag, daß ein beträchtlicher Teil grün eingefärbt ist. Das sind die Ländereien der vier adeligen Klöster Itzehoe, Uetersen, Preetz und St. Johannis vor Schleswig sowie die Güterdistrikte, auf die die Landesherren – etwa bei der Erhebung von Steuern oder bei der Aushebung von Soldaten – keinen unmittelbaren Zugriff hatten, sondern immer nur durch Vermittlung der adeligen Gutsbesitzer. Für die Untertanen in diesen Distrikten waren die Gutsherren die eigentliche Obrigkeit, während die Landesherren für sie nur eine recht ferngerückte Berufungsinstanz darstellten; dem Ausbau des gutswirtschaftlichen System und der damit einhergehenden Verschärfung der Leibeigenschaft konnten die Landesherren kaum etwas entgegensetzen, selbst wenn sie es gewollt hätten. Ohnehin konnten sie gegen die Stände nur dann etwas erreichen, wenn sie alle an einem Strang zogen.

Geteilt wurde 1544 nur das verbleibende Territorium der Herzogtümer, und zwar so, daß der Besitz der Landesherren jeweils möglichst gleichmäßig zu beiden Seiten der Eidergrenze gestreut war. Damit sollte gewährleistet werden, daß alle drei Landesherren mit gleichem Recht und gleichem Gewicht Herzöge von Schleswig und Herzöge von Holstein sein und sich nicht zum Herrn des einen oder des anderen der beiden Herzogtümer entwickeln sollten. Bemessungsgrundlage bei dieser Teilung war das Steueraufkommen der Ämter, d. h. der größeren Verwaltungseinheiten über dem Kirchspiel (in Holstein) oder der Harde (in Schleswig). In bestimmten Gebieten vor allem an der Westküste, in denen die Bauern und ihre Vertretungen größere Selbstverwaltungsrechte hatten als auf dem Mittelrücken, hießen diese größeren Verwaltungseinheiten nicht „Ämter", sondern „Landschaften", aber dieser Unterschied spielte bei der Teilung keine Rolle.

Zu der grundsätzlichen Entscheidung von 1544 kamen im Laufe des 16. Jahrhunderts noch drei weitere Schritte hinzu, die hier erwähnt werden müssen, um das Kartenbild verständlich zu machen. Zunächst eroberten 1559 die drei Landesherren auf Betreiben Herzog Adolfs gemeinsam die Bauernrepublik Dithmarschen und teilten sie nach denselben Grundsätzen

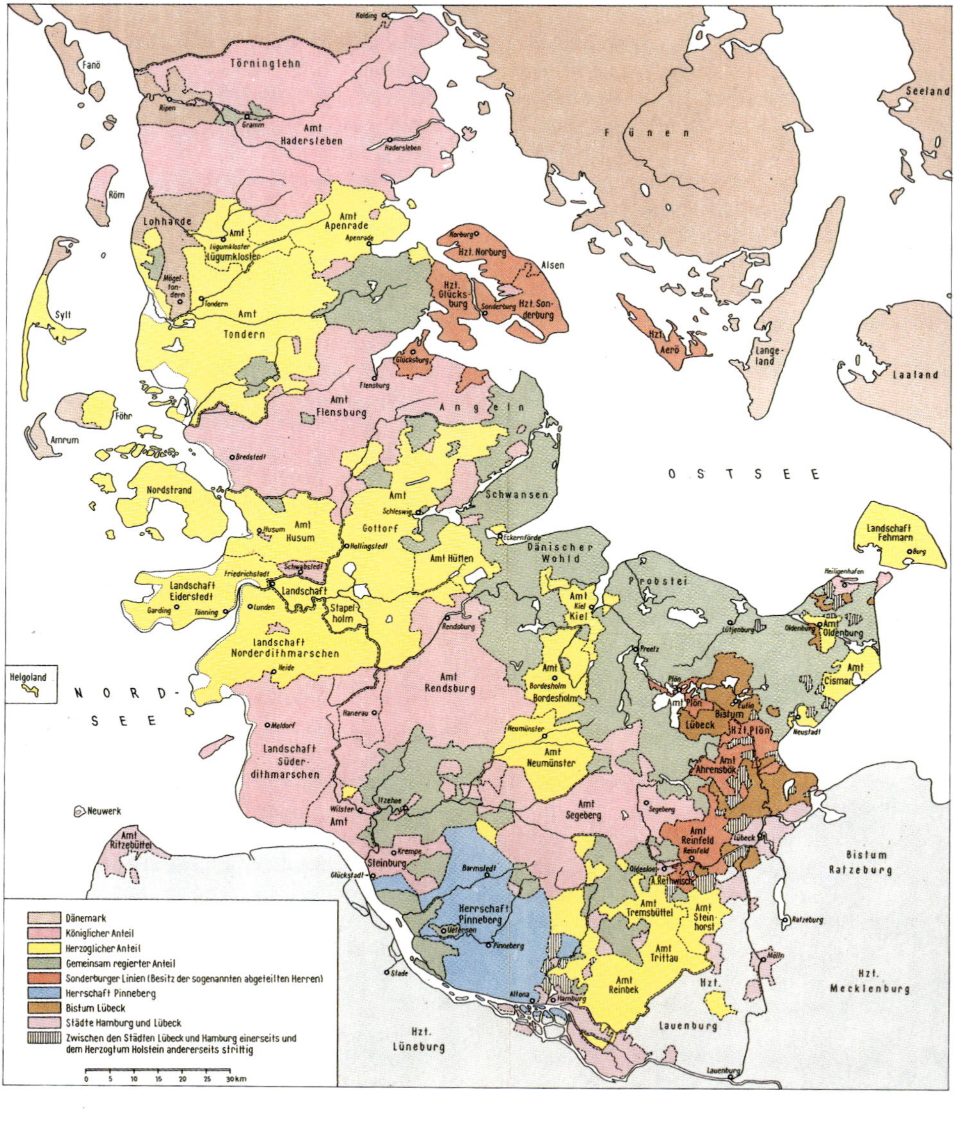
Kolding
Fanö
Törninglehn
Ripen
Gramm
Amt Hadersleben
Hadersleben
Fünen
Seeland
Röm
Lohharde
Amt Lügumkloster
Lügumkloster
Amt Apenrade
Apenrade
Norburg
Hzt. Norburg
Alsen
Mögeltondern
Tondern
Amt Tondern
Hzt. Glücksburg
Sonderburg
Hzt. Sonderburg
Sylt
Hzt. Aerö
Langeland
Laaland
Glücksburg
Flensburg
Amt Flensburg
Angeln
Föhr
Amrum
Bredstedt
OSTSEE
Nordstrand
Amt Schleswig
Gottorf
Schwansen
Husum
Amt Husum
Hollingstedt
Eckernförde
Dänischer Wohld
Landschaft Fehmarn
Burg
Amt Hütten
Schwabstedt
Friedrichstadt
Landschaft
Landschaft Eiderstedt
Garding
Tönning
Lunden
Stapelholm
Heiligenhafen
Probstei
Amt Kiel
Kiel
Rendsburg
Lütjenburg
Oldenburg
Amt Oldenburg
Landschaft Norderdithmarschen
Heide
Preetz
Helgoland
NORD-SEE
Amt Rendsburg
Amt Bordesholm
Bordesholm
Plön
Amt Plön
Eutin
Bistum Lübeck
Hzt. Plön
Amt Cismar
Neustadt
Hanerau
Meldorf
Neumünster
Amt Neumünster
Landschaft Süderdithmarschen
Amt Ahrensbök
Neuwerk
Itzehoe
Wilster
Amt
Amt Segeberg
Segeberg
Amt Ritzebüttel
Krempe
Steinburg
Glückstadt
Barmstedt
Amt Reinfeld
Reinfeld
Lübeck
Bistum Ratzeburg
Oldesloe
A. Rethwisch
Herrschaft Pinneberg
Uetersen
Pinneberg
Amt Tremsbüttel
Amt Steinhorst
Ratzeburg
Amt Trittau
Mölln
Stade
Altona
Hamburg
Amt Reinbek
Hzt.
Hzt. Mecklenburg
Hzt. Lüneburg
Lauenburg
Dänemark
Königlicher Anteil
Herzoglicher Anteil
Gemeinsam regierter Anteil
Sonderburger Linien (Besitz der sogenannten abgeteilten Herren)
Herrschaft Pinneberg
Bistum Lübeck
Städte Hamburg und Lübeck
Zwischen den Städten Lübeck und Hamburg einerseits und dem Herzogtum Holstein andererseits strittig
0 5 10 15 20 25 30 km

wie die Herzogtümer auf. Da es in Dithmarschen keine adeligen Güter gab, wurde das gesamte Territorium aufgeteilt. Dann teilte 1564 der Sohn Christians III., König Friedrich II. (1534–1588), seinen Anteil an den Herzogtümern noch einmal, indem er ein Drittel davon an seinen jüngeren Bruder Hans d. J. (1545–1622) abtrat. Er tat das gegen den Willen der Ritterschaft, die Hans d. J. die Anerkennung als Landesherr verweigerte; er wurde an der gemeinschaftlichen Regierung nicht beteiligt. Da er also mit den Ständen nichts zu tun hatte, konnte ihn auch niemand daran hindern, seinen Besitz, dessen Hauptresidenz das Schloß Sonderburg war, vollends wie sein Privateigentum zu behandeln und noch weiter aufzuteilen. So entstanden nach seinem Tod 1622 die winzigen Staaten der Herzöge von Sonderburg, Aerö, Norburg, Glücksburg und Plön, die im Grunde alle zu klein waren, um einen fürstlichen Hof zu tragen. Für die Geschichte des Staates der Gottorfer spielen diese Duodezfürstentümer der Sonderburger Nebenlinie des dänischen Königshauses keine Rolle. Und schließlich starb 1580 Herzog Hans d. Ä. ohne Erben. Sein Besitz wurde nun gleichmäßig zwischen den beiden anderen regierenden Landesherren geteilt, und König Friedrich II. gab wieder ein Drittel seines Zugewinns an Hans d. J. weiter. Fortan gab es nur noch zwei regierende Landesherren. Das war die politische Ordnung, die sich im Kartenbild spiegelt.

Schloß Gottorf, das schon Friedrich I. nach der Landesteilung von 1490 als herzogliche und dann nach seiner Thronbesteigung 1523 auch als königliche Residenz gedient hatte, wurde der Hauptsitz Herzog Adolfs (Abb. 3) und seiner Nachfolger. Nach ihm wird ihr Anteil an den Herzogtümern in der landesgeschichtlichen Literatur zumeist als Herzoglicher oder Gottorfer Anteil bezeichnet, während die zeitgenössischen Quellen von den Gottorfischen Landen sprechen. Er umfaßte seit 1580 in Schleswig die Ämter Apenrade, Lügumkloster, Tondern, Gottorf, Hütten und Husum, die Landschaften Stapelholm, Eiderstedt, Alt-Nordstrand (vor der großen Sturmflut 1634), Osterland-Föhr und Sylt sowie die Insel Fehmarn. In Holstein, wo sich ein sehr viel größerer Anteil des Landes im Besitz der Ritterschaft befand, war der herzogliche Besitz kleiner: es waren die Ämter Kiel, Bordesholm und Neumünster, Oldenburg, Cismar, Tremsbüttel, Trittau und Reinbek sowie die Landschaft Norderdithmarschen. Doch hatte Herzog Adolf die Lage des Herzogs von Sachsen-Lauenburg nutzen können, um von diesem 1575 das ursprünglich nur verpfändete Amt Steinhorst zu erwerben und seinem Besitz zuzuschlagen.

Abb. 2 Die herrschaftliche Gliederung der Herzogtümer Schleswig und Holstein im Jahre 1622. Karte von Erwin Raeth in: Otto Brandt / Wilhelm Klüver: Geschichte Schleswig-Holsteins, 6. Aufl., Kiel 1966

Abb. 3 Herzog Adolf von Schleswig-Holstein-Gottorf (1526–1586). Gemälde eines unbekannten Meisters, 1586. Schleswig-Holsteinisches Landesmuseum. – Der Herzog trägt seinen Prunkharnisch mit vergoldetem Distelornament, der sich heute im Zeughausmuseum Kopenhagen befindet. Sein Wappen wird vom Hosenbandorden gerahmt.

Die Herzöge von Gottorf hörten als erste Linie des dänischen Königshauses damit auf, ihren Besitz noch weiter zu teilen. Adolfs Sohn, Herzog Johann Adolf (1575–1616, Abb. 4), erließ nämlich 1608 als eine Art Familienrecht ein sog. Primogeniturstatut, wonach nur der erstgeborene Sohn eines regierenden Herzogs bei dessen Tod das Erbe antrat. Dieses Statut setzte Johann Adolf bezeichnenderweise mit Unterstützung der Ritterschaft gegen seinen jüngeren Bruder Johann Friedrich (1579–1634) durch, der Anspruch auf eine Teilung erhoben hatte. Johann Friedrich wurde dann durch zwei geistliche Fürstentümer abgefunden: das Bistum Lübeck und das Erzbistum Bremen. Das Fürstbistum Lübeck wurde fortan zu einer Art stillen Reserve, aus der die Herzöge von Gottorf einen ihrer jüngeren Söhne versorgen konnten. Das ging sogar drei Generationen lang über Erwarten gut, weil erst im letzten Drittel des 17. Jahrhunderts einer der Fürstbischöfe männliche Erben hatte und sich damit eine Nebenlinie des Gottorfer Hauses entwickelte. In ihr wurde die Bischofswürde dann faktisch erblich, solange das geistliche Fürstentum Bestand hatte, d. h. bis zum Reichsdeputationshauptschluß vom Jahre 1803 der das Ende des Heiligen Römischen Reichs deutscher Nation besiegelte.

Die Herzöge von Schleswig-Holstein-Gottorf regierten also einen Staat ohne geschlossenes Territorium, der seinen Schwerpunkt im Herzogtum Schleswig hatte und eine Hauptresidenz besaß, die einigermaßen in der Mitte zwischen Lügumkloster im Norden und Reinbek im Süden lag. Verkehrsgünstig war diese Lage nicht, weil die Landwege beschwerlich waren; aber immerhin führte der Hauptverkehrsweg über die jütische Halbinsel hier vorbei. Die erwähnten Ämter und Landschaften machten den Staat der Gottorfer aus, soweit man diesen als einen Territorialstaat betrachten kann. Man darf darüber aber nicht vergessen, daß die Herzöge nicht nur die Landesherren ihres Territoriums waren, sondern auch Anteil an der gemeinschaftlichen Regierung hatten und sich deshalb mit den Ständen auseinandersetzen mußten. Aus diesem Grunde ist es, genau genommen, nicht zulässig, von einem Herzogtum Schleswig-Holstein-Gottorf zu sprechen, denn diese Bezeichnung berücksichtigt weder, daß es staatsrechtlich nur die beiden Herzogtümer Schleswig und Holstein gab, noch trägt es dem Neben- und Ineinander von Personenverbandsstaat und Territorialstaat Rechnung.

Ein mittelalterliches Relikt in der Geschichte Schleswig-Holsteins in der Frühen Neuzeit ist auch in der Tatsache zu sehen, daß die beiden Herzogtümer keine souveränen Staaten im modernen Sinne darstellten, sondern jedes lehnsrechtlich in einen übergeordneten Personenverband eingebunden waren – noch dazu in zwei unterschiedliche. Schleswig war ein Lehen der Krone des Königreiches Dänemark, Holstein ein Lehen der Kaiserkrone des Heiligen Römischen Reiches deutscher Nation. Das war immer dann von Belang, wenn Fürstenhäuser ausstarben und es um die Thronfolge ging;

manche Verwicklungen und heftig diskutierte Streitfragen noch der Landesgeschichte des 19. Jahrhunderts erklären sich z. B. aus der Tatsache, daß seit dem 17. Jahrhundert im Königreich Dänemark aufgrund der Lex Regia eine andere Erbfolgeregelung galt als im Heiligen Römischen Reich. Diese Fragen brauchen hier nicht zu interessieren, doch hat auch das zentrale Problem der Geschichte des Gottorfer Staates mit der Lehnsbindung zu tun: die Rivalität von königlicher und herzoglicher Macht in den Herzogtümern, die die schleswig-holsteinische Landesgeschichte der gesamten Frühen Neuzeit geprägt hat.

Politische Geschichte

Von den beiden Lehnsbindungen, denen die Herzöge von Schleswig-Holstein-Gottorf unterlagen, war diejenige an den Kaiser insgesamt leichter zu ertragen als diejenige an den König von Dänemark, denn der Kaiser regierte weit weg in Wien und hatte als Landesherr in Österreich, Ungarn und Böhmen andere Probleme und Interessenschwerpunkte als den fernen Norden. Mit dem Kaiser hatte man daher in Gottorf niemals nennenswerte Probleme. Der König von Dänemark aber war als Regent des königlichen Anteils an den Herzogtümern wie als Herrscher des Königreiches nächster Nachbar und entfaltete zudem Aktivitäten, die den Gottorfer Herzog beunruhigen mußten und seinen Staat in Mitleidenschaft zogen.

Schon im 16. Jahrhundert gab es gelegentlich Spannungen, aber diese gingen vor allem von Gottorf aus. So war König Christian III. keineswegs erbaut, als Herzog Adolf sich nach dem Tod ihres jüngsten Bruders Friedrich 1556 zum Bischof von Schleswig wählen ließ und später auch dafür sorgte, daß sein eben ein Jahr alt gewordener ältester Sohn Friedrich (1568–1587) die Anwartschaft auf die Nachfolge bekam; er sah sehr wohl, daß es darum ging, das Stiftsgut zum Gottorfer Besitz zu machen. 1559 hatten weder König Friedrich II., der eben erst auf den Thron gelangt war, noch Herzog Hans d. Ä., der ein friedfertiger Herr war, ein vordringliches Interesse an einem Feldzug gegen Dithmarschen, aber Herzog Adolf drängte darauf, und da sie ihn nicht zu hindern vermochten, zogen sie mit, um an der zu erwartenden Beute beteiligt zu werden. Und als Hans d. Ä. 1580 gestorben war, beanspruchte Adolf dessen gesamtes Erbe für sich und erklärte sich erst nach zähen Verhandlungen, zu denen auch andere norddeutsche Fürsten zugezogen werden mußten, dazu bereit, es mit dem König zu teilen.

Aus solchen gelegentlichen Spannungen aber wurden schwerwiegende Probleme, und der Dualismus entwickelte sich zur Rivalität, als König Christian IV. (1577–1648) seine Stellung als Herzog von Holstein nutzte, um sich 1625 mit dem Anschein von Legitimität in den Dreißigjährigen Krieg einzumischen. Damit endete für die Herzogtümer eine acht Jahrzehnte andauernde Zeit des Friedens, die nur durch den Feldzug gegen Dithmarschen kurz unterbrochen worden war und die dem Land insgesamt wirtschaftliche Prosperität gebracht hatte. Nun begann ein Jahrhundert, das im Zeichen der Kriege stand und für die Untertanen vor allem Kontributionen, Einquartierungen und Brandschatzungen bedeutete.

Als Christian IV. in den Dreißigjährigen Krieg eingriff und sich, wie andere protestantische Reichsfürsten auch, gegen den Kaiser stellte, tat er das teils aus Ehrgeiz, teils aus berechtigter Sorge, gegenüber dem Nachbarn und Rivalen Schweden im Kampf um das „dominium maris baltici" (die Vorherrschaft im Osteeraum) ins Hintertreffen zu geraten. Damit brachte er den Gottorfer Herzog Friedrich III. (1597–1659, Abb. 6) in Schwierigkeiten, aus denen dieser bis zu seinem Tod nicht mehr herauskam. Als Herr seines kleinen Territoriums konnte der Herzog gar kein Interesse daran haben, sich auf die militärischen Auseinandersetzungen zwischen den Großmächten einzulassen und sich obendrein noch von dem einen seiner beiden Oberlehnsherrn gegen den anderen ausspielen zu lassen. Zudem mußte jeder Krieg Dänemarks Gottorf zwangsläufig in Mitleidenschaft ziehen, wenn die Herzogtümer zum Aufmarschgebiet der Truppen wurden, denn da der Staat keine klaren Grenzen hatte, war er praktisch nicht zu verteidigen. Es war daher nicht verwunderlich, daß Friedrich III. seit 1644 Tönning zur Festung ausbauen ließ, um sich abseits des Hauptheerwegs, der auf dem Mittelrücken der jütischen Hauptinsel verlief, eine Rückzugsposition in den Marschen zu schaffen, die leichter zu halten war als Schloß Gottorf und im Falle einer Belagerung von See her durch etwaige Verbündete leichter versorgt oder befreit werden konnte.

Die Politik Friedrichs III. zielte seit 1625 zunächst darauf ab, den Kaiser seiner Loyalität zu versichern, obwohl er sich den Aktivitäten Christians IV. nicht gänzlich zu entziehen vermochte und auch dessen wirkliche Kriegsziele kannte. Als dann der König 1626 bei Lutter am Barenberge von den Kaiserlichen geschlagen wurde und Wallensteins Truppen bis nach Jütland vorrückten, arrangierte er sich mit diesen. So konnte er erreichen, daß die Ämter Tondern, Lügumkloster und Apenrade sowie die Landschaften Eiderstedt und Nordstrand gegen die Zusage von Kontributionen von Ein-

Auf den beiden nächsten Seiten:
Abb. 4 Herzog Johann Adolf von Schleswig-Holstein-Gottorf (1575–1616). Gemälde eines unbekannten Meisters, 1601. Schloß Gripsholm

Abb. 5 Herzogin Augusta von Schleswig-Holstein-Gottorf (1580–1639). Gemälde eines unbekannten Meisters, 1601. Schloß Gripsholm. – Augusta war eine Tochter König Friedrichs II. von Dänemark.

IOHAN ADOLF . ERWÖHLTER BISCHOF
HERTZOG ZV SCHLESWIG . HOLSTEIN . e ,
ZV LVBECK . ERBE ZV NORWEGEN .
AN DÑ . 1601 .

AGVSTA GEBORNE AVS
ZV DENMARCKEN.
HOLLSTEIN. &c.
KONIGLICHEM STAMMEN
HERTZOGIN ZV SCHLESWIG.
AN DN. 1601.

Abb. 6 Herzog Friedrich III. von Schleswig-Holstein-Gottorf (1597–1659). Kupferstich von Joachim Sandrart d. Ä. Schleswig-Holsteinisches Landesmuseum

quartierung frei bleiben sollten, aber er mußte erleben, daß Nordstrand sich gegen ihn erhob und 1628 sogar ein königliches Kommando auf der Insel landen ließ, so daß er seine Herrschaft mit Gewalt wiederherstellen mußte. Das Verhältnis zwischen König und Herzog war seitdem nachhaltig gestört, denn Christian IV. seinerseits verübelte Friedrich III. die Annäherung an das kaiserliche Lager als einen ersten Schritt zum Bruch der lehnsrechtlich gebotenen Treue. Außerdem blieb es ihm natürlich nicht verborgen, daß Friedrichs jüngerer Bruder Adolf (1600–1631) für seine Dienste als kaiserlicher Offizier am liebsten mit demjenigen Teil des Herzogtums Holstein entschädigt worden wäre, den er selbst zu Lehen hatte.

Der Konflikt verschärfte sich gegen Ende des Dreißigjährigen Krieges. Christian IV. hatte es 1641 erreicht, vom Kaiser, von Frankreich und schließlich auch von Schweden, dem Hauptgegner des Kaisers, als neutraler Vermittler bei den bevorstehenden Friedensverhandlungen akzeptiert zu werden. Die schwedische Regierung unter Axel Oxenstierna aber befürchtete – sicher zu Recht – , daß das ihrem eigenen Interesse am Ausbau der Machtposition in Norddeutschland nicht günstig sein werde, und begann deshalb einen Angriffskrieg, um Christian IV. aus der Neutralität und in das gegnerische Lager zu zwingen. Um die Jahreswende 1643/44 besetzten von Süden her anrückende schwedische Truppen unter General Lennart Torstensson die Herzogtümer. Ein halbes Jahr später folgte ihnen eine kaiserliche Armee zur Unterstützung Dänemarks. Torstensson drängte sie aber über die Elbe zurück, während dänische Truppen von Norden nachrückten. Eine schwedische Abteilung unter Oberst Helmut Wrangel vertrieb sie jedoch wieder aus den Herzogtümern und belagerte dabei Itzehoe und Rendsburg. Herzog Friedrich III. hatte im Januar 1644 mit Torstensson einen Neutralitätsvertrag geschlossen, mit dem er sein Territorium gegen eine Abfindung von 100 000 Reichstalern von allen Einquartierungslasten freikaufte. Es half seinen Untertanen allerdings wenig, denn die Schweden schonten seine Ämter nur teilweise; so mußte allein die Landschaft Norderdithmarschen den

Zu Abb. 6: Die Unterschrift des Porträts nennt in lateinischer Sprache den korrekten vollen Titel der Gottorfer Herzöge: Erbe von Norwegen, Herzog von Schleswig, Holstein, Stormarn und Dithmarschen, Graf von Oldenburg und Delmenhorst. Dem entsprechen die Felder des herzoglichen Wappens (z. B. auf Abb. 46, S. 85, wo das Wappen der Grafschaften den sog. Herzschild bildet). Eichen-, Palmen- und Lorbeerzweige im Rahmen deuten auf vor allem weltliche Werte, die der Herzog verkörpert: Stärke, Tugend und Ruhm, während das Emblem unter dem Porträt den lateinischen Wahlspruch des Herzogs („Was ich begehre, ist nicht sterblich") verbildlicht: die Seele blickt – ganz modern: mit dem Fernrohr – auf zum Göttlichen.

schwedischen Truppen während der Belagerung Rendsburgs vom 20. April bis 4. Mai 1645 insgesamt 5250 Tonnen Hafer, 350 Tonnen Bier und je 84 000 Pfund Brot und Fleisch im Wert von 12 191 Reichstalern liefern. Außerdem hielten die Königlichen und die Kaiserlichen, als sie in die Herzogtümer einrückten, sich vor allem an den gottorfischen Ämtern schadlos. Im Frieden von Brömsebro 1645 sorgte der Sieger Schweden dann aber nebenher dafür, daß der Herzog von Gottorf gegen weitere Strafaktionen des Königs von Dänemark gesichert wurde.

Der Neutralitätsvertrag von 1644 war zunächst kaum mehr als der Versuch des Herzogs gewesen, die Folgen einer von ihm nicht verschuldeten politisch-militärischen Zwangslage nach Möglichkeit zu mildern. Daraus wurde im folgenden Jahrzehnt jedoch eine bewußt verfolgte Politik der Annäherung an Schweden. Schleswig-Holstein-Gottorf suchte jetzt Rückhalt gegen Dänemark bei dessen Rivalen, der im Westfälischen Frieden seine Vormachtstellung in Norddeutschland hatte sichern können. Schweden seinerseits konnte den Gottorfer Staat sehr gut als Brückenkopf auf der jütischen Halbinsel gebrauchen, da es 1648 Dänemark aus dem Besitz der Bistümer Bremen und Verden verdrängt hatte. Die Verbindung mit Schweden fand 1654 ihren ersten sichtbaren Ausdruck in der Eheschließung von Herzog Friedrichs Tochter Hedwig Eleonora (1636–1715) mit Karl X. Gustav (1622–1660), der im selben Jahr als Nachfolger von Königin Christina den Thron bestieg. So ließen sich die Gottorfer nach dem Ende des Dreißigjährigen Krieges als Bundesgenossen Schwedens in die Machtkämpfe und Kriege in Nordeuropa hineinziehen. Es brachte ihnen zwar einen kurzfristigen Erfolg, hatte aber auf längere Sicht zur Folge, daß ihr Staat erst auf das Format eines Duodezfürstentums reduziert wurde und schließlich gänzlich im dänischen Gesamtstaat aufging. Im folgenden kann diese Entwicklung nur in den Hauptlinien nachgezeichnet werden.

Der Sohn Christians IV., König Friedrich III. (1609–1670), wollte zurückgewinnen, was Dänemark im Frieden von Brömsebro und im Dreißigjährigen Krieg verloren hatte, und begann deshalb 1657 einen Krieg gegen Schweden, das damals schon in einen Krieg gegen Polen verwickelt war. Anders als 1625 wurde der Gottorfer Herzog nicht einmal informiert oder gar konsultiert, als der König die Kriegserklärung erließ. Herzog Friedrich III., der schon angesichts der Kriegsvorbereitungen mit den Schweden einen Schutzvertrag für seine Lande ausgehandelt hatte, schloß nun mit seinem Schwiegersohn Karl X. Gustav ein förmliches Bündnis, nachdem dessen Truppen im Sommer die Herzogtümer und fast ganz Jütland besetzt hatten. Im Vertrag wurden nun auch politische Ziele formuliert, darunter dasjenige, um das sich die Kämpfe der folgenden Jahrzehnte immer wieder drehten: die Befreiung des Gottorfer Anteils am Herzogtum Schleswig von der Lehnsbindung an die Krone Dänemarks und von allen daraus resultierenden Ver-

Abb. 7 Herzog Christian Albrecht von Schleswig-Holstein-Gottorf (1641–1694). Kupferstich von Richard Collin, 1664. Königliche Bibliothek Kopenhagen. – Der in den südlichen Niederlanden tätige Stecher stellt den Herzog nicht sehr porträtähnlich, aber elegant dar und, wie es seiner Rolle als Fürst entspricht, als Feldherrn, obwohl er nie an einem Feldzug teilgenommen hat. Links öffnet sich der Blick auf das Schloß Tönning mit seinen vier Ecktürmen.

pflichtungen. Im Frieden von Roskilde, der im Februar 1658 geschlossen wurde, mußte König Friedrich III. das hinnehmen. Sein Gottorfer Namensvetter war als Herzog von Schleswig nun souverän und stand damit auf der Höhe seines internationalen Ansehens. Der Preis, den er und seine Untertanen dafür zu zahlen hatten, war jedoch hoch, denn Karl X. Gustav brach schon im Sommer 1658 den eben geschlossenen Frieden und setzte den Krieg gegen Dänemark fort. Obwohl jetzt die Insel Seeland mit der belagerten Hauptstadt Kopenhagen der eigentliche Kriegsschauplatz war, wurden die Herzogtümer doch stärker in Mitleidenschaft gezogen als im Dreißigjährigen Krieg: Bis zum Frieden von Lund 1660 lagerten und marodierten dort etwa 30 000 brandenburgische, polnische und österreichische Soldaten, die aufgrund von Bündnisverträgen mit Dänemark den Schweden den Rückzug über die jütische Halbinsel versperren sollten. Herzog Friedrich III. erlebte das Ende des Krieges nicht mehr: er hatte sich in die Festung Tönning zurückgezogen und war dort 1659 gestorben.

Da der Frieden von Lund durch Frankreich, England und die Niederlande garantiert wurde, fand die im Vertrag noch einmal bestätigte Souveränität des Herzogs von Gottorf jetzt sogar internationale Anerkennung. Die Eheschließung Herzog Christian Albrechts (1641–1695) mit Prinzessin Friederike Amalie (1649–1704), einer Tochter König Friedrichs III., die 1667 zustande kam, signalisierte zwar einen gewissen Ausgleich zwischen den beiden Rivalen, aber dieser war nur von kurzer Dauer, da Schleswig-Holstein-Gottorf nun aufgrund seines Bündnisses mit Schweden zum Spielball der europäischen Bündnispolitik und ihrer ständig wechselnden Konstellationen wurde. Als König Christian V. von Dänemark (1646–1699) sich seit Beginn der 1670er Jahre in den Kriegen Ludwigs XIV. auf die Seite Frankreichs stellte und damit einen mächtigen Verbündeten gegen Schweden gewann, bekam er zeitweilig freie Hand zum Vorgehen gegen Gottorf und konnte eine Reunionspolitik nach französischem Vorbild betreiben, d. h. eine Eroberungspolitik gegenüber schwächeren Nachbarn unter Berufung auf scheinbare Rechte. So mußte Herzog Christian Albrecht (Abb. 7) im Jahre 1675 unter Zwang auf die Errungenschaften des Friedens von Roskilde verzichten und nach Hamburg ins Exil gehen. 1679 wurde er dann jedoch wieder in seine Rechte eingesetzt, als Frankreich eine Zeitlang Bundesgenosse Schwedens war und auf dessen Interessensphäre Rücksicht nehmen mußte. Aber als sich die Fronten aufs neue verändert hatten, nutzte Chri-

Zu Abb. 8: Bei der Darstellung Herzog Friedrichs IV. sind der Harnisch und der militärische Apparat (im Rahmen des Porträts) sinnvolle Zeichen: Er diente seinem Schwager, König Karl XII. von Schweden, als Offizier und fiel 1702 in der Schlacht bei Klissow in Polen.

Abb. 8 Herzog Friedrich IV. von Schleswig-Holstein-Gottorf (1671–1702). Kupferstich von Pieter van Gunst nach einem Gemälde von Ludwig Weyandt. Schleswig-Holsteinisches Landesmuseum

stian V. die Situation, um 1684 den Gottorfer Anteil am Herzogtum Schleswig als verwirktes Lehen einzuziehen und mit dem königlichen Anteil zu vereinigen. 1689 jedoch erhielt Christian Albrecht sein Territorium und seine Rechte in Schleswig noch einmal zurück, als Frankreich den anderen europäischen Mächten unterlag. Als dann König Friedrich IV. (1671–1730) im Jahre 1699 den dänischen Thron bestieg, versuchte er, gleichsam im Windschatten des Krieges, den Rußland, Polen und Dänemark im Jahre 1700 gegen Schweden begannen, den Konflikt mit Gottorf zu lösen. Er ließ Truppen in die herzoglichen Ämter einmarschieren, der herzogliche Hof zog sich nach Tönning zurück, das dann von den dänischen Truppen erfolglos belagert wurde. Dänemark erhielt aber keine Unterstützung von seinen Verbündeten, England und die Niederlande drängten auf ein Nachgeben, und König Karl XII. von Schweden (1682–1718) landete auf der Insel Seeland. So mußte Dänemark aus dem Krieg gegen Schweden ausscheiden und im August 1700 auf dem Schloß Traventhal, das dem Herzog von Plön gehörte, einen Frieden schließen, der die Souveränität des Gottorfer Herzogs in Schleswig noch einmal bestätigte und die wechselseitigen Rechte und Pflichten der beiden regierenden Landesherren so genau wie möglich festlegte.

Es war der letzte Triumph der Gottorfer, denn das Tauziehen zwischen König und Herzog fand sein Ende im weiteren Verlauf des Großen Nordischen Krieges (1700–1720), des letzten Auftritts der Großmacht Schweden auf der europäischen Bühne. Schleswig-Holstein-Gottorf war nach dem Frieden von Traventhal offiziell neutral; tatsächlich aber stand es weiterhin auf der Seite Schwedens und erlaubte diesem 1713, sich in der Festung Tönning festzusetzen. König Friedrich IV. nahm diesen offenen Bruch der Neutralität, der sich zudem durch Dokumente belegen ließ, zum Anlaß, den Gottorfer Anteil an Schleswig erneut mit Beschlag zu belegen. Er brauchte ihn nun auch nicht mehr herauszurücken, denn Schweden unterlag im Nordischen Krieg und mußte 1720 darauf verzichten, Gottorf zu unterstützen. Zugleich garantierten England und Frankreich dem König von Dänemark seinen ungeteilten Besitz an Schleswig. Dieser konnte daher 1721 die beiden Anteile des Herzogtums miteinander vereinigen und sich von den in Schleswig begüterten Familien der Ritterschaft auf Schloß Gottorf als einzigem Herzog von Schleswig huldigen lassen. Der Kaiser indessen sorgte dafür,

Abb. 9 Herzog Carl Friedrich von Schleswig-Holstein-Gottorf (1700–1739). Gemälde von David von Krafft, 1718. Schleswig-Holsteinisches Landesmuseum. – Der achtzehnjährige Herzog im blauen schwedischen Uniformrock ähnelt bis in die Haartracht hinein seinem Onkel, König Karl XII. von Schweden. Nur der Hermelinbesatz am linken Bildrand weist darauf hin, daß hier kein Offizier dargestellt ist, sondern ein regierender Landesherr.

daß die königlichen Truppen die gottorfischen Ämter in Holstein räumten und der Herzog diesen Teil seiner Besitzungen wiederbekam.

Fortan war der Staat der Gottorfer ein kleines zerstückeltes Territorium im Herzogtum Holstein, dessen Hauptresidenz das Schloß in Kiel wurde. Er war arm, denn während der Herzog 1712, unmittelbar vor der politischen Katastrophe, aus den schleswigschen Ämtern 163 000 Reichstaler Einnahmen gehabt hatte, waren ihm im selben Jahr aus Holstein nur 61 000 Reichstaler zugeflossen. Zudem hatten sich infolge der Kriege seit der Regierungszeit Friedrichs III. immer höhere Schulden angesammelt. Holstein-Gottorf war für sich selbst auch viel zu klein, um in der europäischen Politik irgendwelches Gewicht zu haben. Aber gleichwohl blieb die gottorfische Frage ein Problem, das auch innerhalb des neugeschaffenen Systems der Mächte in Nordeuropa einige Sprengkraft entfalten konnte. Herzog Carl Friedrich (1700–1739, Abb. 9) und sein Sohn Carl Peter Ulrich (1728–1762, Abb. 10) wollten nämlich den Verlust Schleswigs niemals anerkennen, sondern ihr Territorium und ihre Souveränität zurückgewinnen.

Die Sprengkraft ihres politischen Ehrgeizes lag dabei in der Tatsache, daß sie das Glück hatten, auf der Stelle einen wirkungsvollen Ersatz für ihre bisherige Schutzmacht Schweden zu finden. Dies war Rußland, also eben jene Macht, die im Nordischen Krieg gegen Schweden gesiegt hatte und seitdem erstmals zu den europäischen Großmächten zählte. Herzog Carl Friedrich heiratete 1725 Anna Petrowna (1708–1728), die ältere der beiden Töchter Peters des Großen (1672–1725), und als deren unverheiratete Schwester Elisabeth (1709–1761) im Jahre 1741 den Zarenthron bestiegen hatte, machte diese bald darauf ihren Neffen Carl Peter Ulrich, das einzige Kind aus der Ehe Carl Friedrichs mit Anna Petrowna, zu ihrem Thronfolger. Dieser nahm als russischer Großfürst natürlich den Namen seines Großvaters mütterlicherseits an und nannte sich fortan nur noch Peter. Versuche Dänemarks, die gottorfische Frage auf dem Verhandlungswege zu lösen oder wenigstens zu entschärfen, blockte Großfürst Peter mit aller Entschiedenheit ab, und als er 1762 nach dem Tod Elisabeths als Zar Peter III. den Thron bestieg, bot er sogleich Truppen auf, um gegen Dänemark zu marschieren. Nur sein Sturz und seine Ermordung nach einem halben Jahr Regierung verhinderten den offenen Ausbruch des Krieges.

Seine Witwe und Nachfolgerin Katharina II. (1729–1796) schlug einen anderen Kurs ein, und so kam es nun zu Verhandlungen zwischen Dänemark und Rußland über die gottorfische Frage. 1767 wurde ein vorläufiger Vertrag geschlossen, demzufolge der König von Dänemark die holsteinischen Besitzungen der Gottorfer bekam und dafür die Grafschaften Oldenburg und Delmenhorst, die er 1667 geerbt hatte, abtrat; außerdem übernahm er auch alle finanziellen Verpflichtungen, die auf den gottorfischen Besitzungen lagen, und erteilte seine Zustimmung, daß die beiden Grafschaften nicht

Abb. 10 Herzog Carl Peter Ulrich von Schleswig-Holstein-Gottorf (1728–1762). Gemälde von Balthasar Denner. Schleswig-Holsteinische Landesbibliothek. – Das Gemälde scheint eine spätere Wiederholung eines bereits um 1740 in Kiel oder Eutin gemalten Porträts zu sein, denn der Herzog trägt hier kein Abzeichen seines Rangs als Landesherr, sondern das Schulterband des St. Andreas-Ordens, der ihm 1742 nach seiner Ankunft in St. Petersburg verliehen wurde.

bei der Hauptlinie der Gottorfer blieben, sondern von dieser an die jüngere Linie der Fürstbischöfe von Lübeck weitergegeben wurden. Dieser Tauschvertrag von 1767 konnte nur ein vorläufiger sein, weil Großfürst Paul (1754–1801), der Sohn Peters III. und Katharinas II., noch nicht volljährig war. 1773 aber war es soweit: Jetzt wurde der Tauschvertrag nach Gesprächen im Schloß Zarskoje Selo bei St. Petersburg erneuert und wenig später durch einen feierlichen Akt im Kieler Schloß vollzogen. Damit hatte der Gottorfer Staat aufgehört zu existieren. Der König von Dänemark war jetzt, 240 Jahre nach der Landesteilung von 1544, wieder Herzog von ganz Schleswig und ganz Holstein, da ihm inzwischen auch die Herrschaft Pinneberg zugefallen war und da mit Ausnahme von Glücksburg auch alle Besitzungen der Sonderburger Herzöge an die Krone zurückgefallen und für Glücksburg schon die entsprechenden vertraglichen Vorkehrungen getroffen waren (sie traten 1779 in Kraft). Der dänische Gesamtstaat war jetzt arrondiert und verfügte mit Ausnahme der kleinen Enklave des Fürstbistums Lübeck über ein geschlossenes Territorium, das von der Elbe bis zum Nordkap reichte.

Neben dem König gab es noch einen zweiten Nutznießer des Tauschvertrags von Zarskoje Selo: den derzeitigen Fürstbischof von Lübeck aus der jüngeren Linie des Hauses Gottorf. Ihm fielen die Grafschaften Oldenburg und Delmenhorst buchstäblich in den Schoß, ohne daß er die Hand nach ihnen ausgestreckt oder hinter den Kulissen intrigiert hätte. Da die beiden Signatarmächte des Tauschvertrags sich zudem noch beim Kaiser für ihn verwandten, wurden die beiden Grafschaften ein paar Jahre später zum Herzogtum Oldenburg aufgebessert, und so hatte auch protokollarisch alles seine schönste Ordnung: der Herzog von Schleswig-Holstein-Gottorf wurde nicht zum Grafen von Oldenburg und Delmenhorst ‚degradiert'.

Überblickt man die Geschichte des Gottorfer Staates in ihrer Gesamtheit, so zeigt sich, daß für die Frage nach seiner Bedeutung für die Wirtschaft und die Kultur des Landes allein die 125 Jahre von der Entstehung dieses Staates 1544 bis zum ersten Jahrzehnt der Regierung Herzog Christian Albrechts von Interesse sind. Die restlichen hundert Jahre nach 1670 dagegen haben weder wirtschaftlich noch kulturell viel zu bedeuten, sondern sind Niedergang oder bestenfalls geborgter Glanz. Das einzige bleibende Zeugnis des Staates der Gottorfer aus diesen hundert Jahren ist der große Umbau des Schlosses Gottorf, der 1698 begonnen wurde. Von der geplanten Anlage im Stil des schwedischen nachbarocken Klassizismus ist aber 1703 nur der mächtige Südflügel mit dem Hauptportal fertig geworden (Abb. 1 u. 11); alles weitere wurde infolge des Nordischen Krieges nicht mehr ausgeführt. Das Schloß Gottorf in seiner heutigen baulichen Gestalt spiegelt also die Geschichte des Staates, dessen Hauptresidenz er war, namentlich das Scheitern der Hoffnungen, sich im Schutze Schwedens zumindest im Herzogtum Schleswig gleichberechtigt neben dem König von Dänemark zu behaupten.

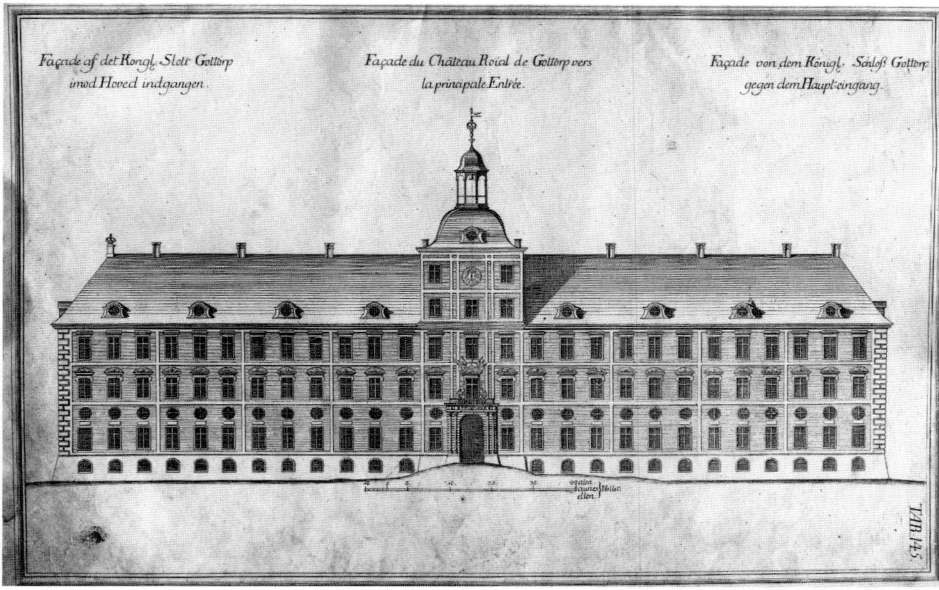

Abb. 11 Die Südfassade von Schloß Gottorf nach dem Umbau 1698–1702. Kupferstich aus Laurids de Thurah: Den danske Vitruvius, Bd. 2, Kopenhagen 1749. – Im Unterschied zum älteren Zustand der Anlage (vgl. Abb. 21, S. 51) sind Turm und Hauptportal hier in die Mitte des Baus gerückt. Dennoch ist das dominierende Element der nüchternen Fassade die strenge Reihung der Fenster. Vorbild ist zweifellos die Nordfassade des Schlosses in Stockholm, die unter Karl XII. neu errichtet werden mußte.

Für die Entwicklung des Staates der Gottorfer nach dem Ende des Nordischen Krieges ist die Geschichte der Universität Kiel bezeichnend. Die Gründung dieser Hochschule im Jahre 1665 war ein letzter Höhepunkt der Entfaltung der Gottorfer Kultur vor dem offenen Ausbruch der verhängnisvollen Spannungen mit dem Königshaus gewesen. Sie hatte einige Jahrzehnte lang Früchte getragen, aber seit dem Nordischen Krieg verfiel die Universität immer mehr. Die Zahl der Professoren und der Studenten ging zurück, und das 100. Jubiläum der Gründung 1765 feierte man gar nicht erst, weil man nicht einmal mehr einen Hörsaal hatte, in dem man dies mit Anstand und ohne Lebensgefahr für die Teilnehmer hätte tun können. Inzwischen hatte Katharina II. zwar erste Maßnahmen zur Erneuerung der ganzen Institution eingeleitet, doch diese kamen nur allmählich zum Tragen und zeigten bleibende Wirkungen erst, als die Universität nach 1773 im dänischen Gesamtstaat zur Landesuniversität beider Herzogtümer wurde.

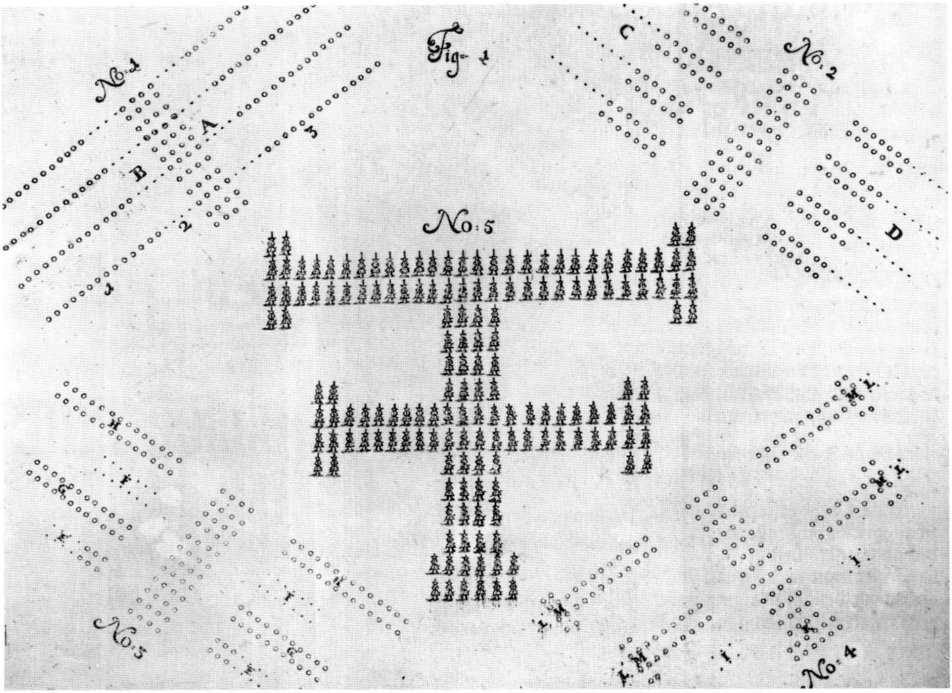

Abb. 12 Anleitung zum Schau-Exerzieren. Kupferstich aus A. F. Hercules: Der geschickte Infanterie-Officier nach moderner allgemeiner und besonderer Hochfürstl. Holstein-Gottorfscher Kriegs-Manier verfasset, Schleswig 1702. – Dargestellt ist, wie 160 Soldaten in fünf Schritten ein doppeltes F bilden, das Spiegelmonogramm Herzog Friedrichs IV., wie es auch auf dem Schild neben seinem Porträt (Abb. 8) zu erkennen ist. Das ganze Werk, das dem Herzog gewidmet ist, spiegelt exemplarisch das Ende der höfischen Kultur des Barockzeitalters auf Schloß Gottorf im Militärstaat schwedischer Prägung.

Abb. 13 Grundriß des Erdgeschosses von Schloß Gottorf nach dem Umbau 1698–1702. Kupferstich aus Laurids de Thurah: Den danske Vitruvius, Bd. 2, Kopenhagen 1749. – Auffällig ist der Kontrast zwischen der Kleinteiligkeit und Unregelmäßigkeit des älteren Baus und der Großzügigkeit und Regelmäßigkeit des 27 Fensterachsen breiten Südflügels. Dieser nimmt den größten Raum des alten Schlosses, die gotische Halle aus der Zeit Friedrichs I., auf, unterwirft sie aber der Ordnung der Fensterfront.

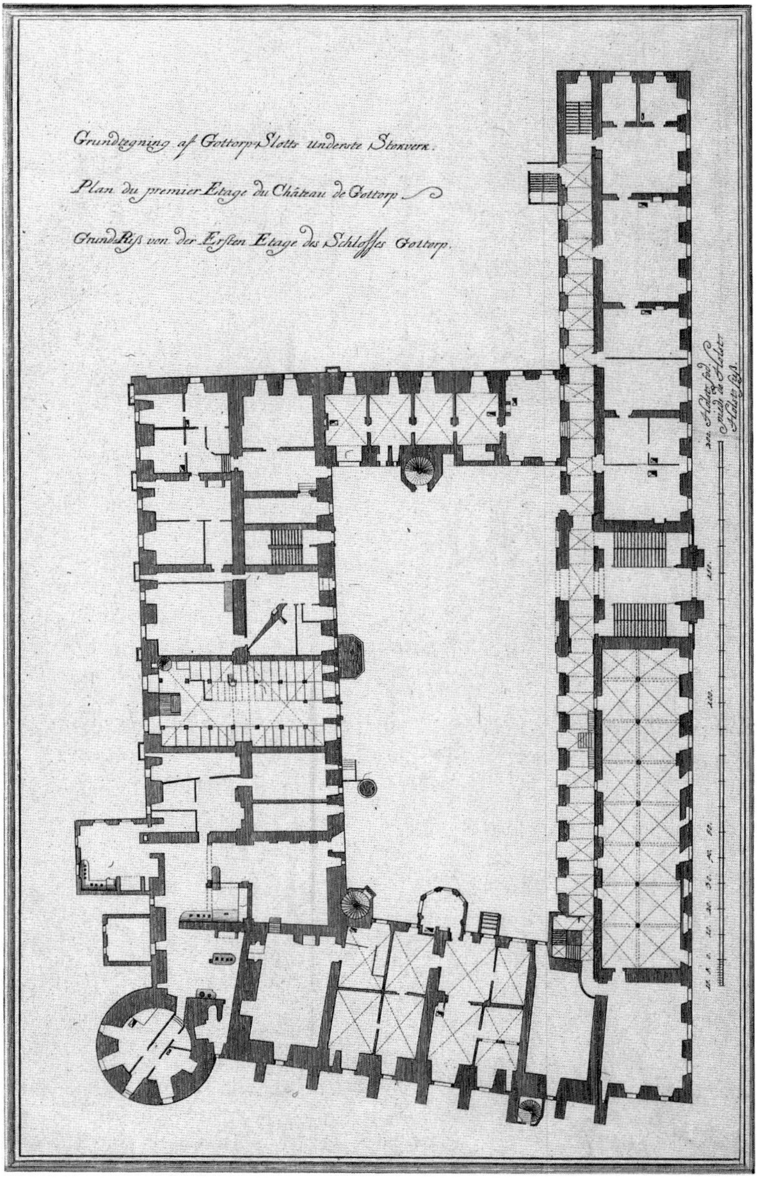
Grundtegning af Gottorp Slotts underste Stokverk.
Plan du premier Etage du Château de Gottorp
Grund Riß von der Ersten Etage des Schlosses Gottorp.

Wirtschaft

Ein Territorium wie dasjenige, über das die Gottorfer Herzöge verfügten, stellte der Entwicklung eines modernen Staatswesens besondere Schwierigkeiten in den Weg, denn Aufbau und Arbeit einer Zentralverwaltung wurden durch die Zerstückelung des Territoriums und die Beschwerlichkeit der Wege behindert. Dennoch taten die Herzöge das ihnen Mögliche, um eine Verwaltung mit einer festen Kanzlei und sachkundigen Beamten (vor allem aus dem Bürgertum) aufzubauen. Sie konnten sogar den Versuch unternehmen, sich der Entwicklung zum absolutistischen Staatswesen anzuschließen. So wurde das Recht der Stände, den Landesherrn zu wählen oder doch wenigstens die Erbfolge durch einen formalen Akt nachträglich zu sanktionieren, beseitigt, ohne je, wie 1660 im Königreich Dänemark, offiziell aufgehoben zu werden. Beim Regierungsantritt Herzog Friedrichs III. im Jahre 1616 hatten die Stände es noch einmal in Erinnerung gebracht, aber bei seinem Tod 1659 war nicht mehr von ihm die Rede. Im Jahre 1660 verfaßte der Gottorfer Rat Andreas Cramer (1610–1679) eine Denkschrift, in der er dem kurz zuvor zur Regierung gelangten Herzog Christian Albrecht Ratschläge im Sinne eines absolutistischen Regiments erteilte. So riet er in aller Offenheit, den Adel „kleinzumachen", ihm keine Schinderei der Gutsbauern zu gestatten, keine Festungen anzuvertrauen oder möglichst viele Güter abzunehmen, um sie an Bürgerliche zu verkaufen. Das alles war formuliert aus der Sicht eines bürgerlichen Juristen, also eines Angehörigen jener sozialen Gruppe, die seit dem 16. Jahrhundert mit dem Adel um die einflußreichen Stellungen in der Staatsverwaltung konkurrierte, ja die eigentlich erst stark zu werden begonnen hatte, seit der frühmoderne Staat mit seinem Bedarf an Verwaltungskräften statt an Kriegern entstanden war. Ratschläge wie die Andreas Cramers konnten natürlich nur am Hof und in der Verwaltung Erfolg haben, weil es dort keine einflußreichen Stände gab, aber es war völlig aussichtslos, auch die Gutsdistrikte und die Klöster solchen Tendenzen zu unterwerfen, denn dort hatte die Ritterschaft die stärkere Position. Der König von Dänemark hatte damit mehr Erfolg, weil er die Schwächung der ständestaatlichen Herrschaftsordnung durch die Niederlage gegen Schweden nutzen konnte, um 1660 im Bündnis mit bürgerlichen Kräften den Absolutismus als Staatsordnung durchzusetzen und in der Lex Regia in den Rang einer Verfassung zu erheben.

Dem Aufwand, den die Unterhaltung einer eigenen Armee und eines fürstlichen Hofes erforderten, waren im Gottorfer Staat vergleichsweise enge Grenzen gesetzt, denn zum einen waren gerade besonders fruchtbare und ertragreiche Teile im Osten der beiden Herzogtümer faktisch der Verfügungsgewalt der Herzöge entzogen, weil sie formal der gemeinschaftlichen Regierung, faktisch aber der Ritterschaft unterstanden. Die adeligen Gutsherren der Frühen Neuzeit konnten zwar durch den Ausbau des gutswirtschaftlichen Systems und durch die Verschärfung der Leibeigenschaft mehr aus ihrem Grundbesitz herausholen als ihre Vorväter, aber das kam nicht der fürstlichen Kasse zugute. Auf der anderen Seite gab es im Territorium der Herzöge keine bedeutenden Handelsstädte, deren Gewinne sie in nennenswertem Umfang durch die Erteilung von Privilegien oder durch Steuern hätten abschöpfen können.

Herzog Adolf versuchte, seine Finanzen und zugleich sein internationales Renommee aufzubessern, indem er als Offizier in kaiserliche Dienste trat. Für das Renommee sprang dabei wohl genug heraus, denn der Herzog konnte es sich immerhin leisten, um die Hand der Königin Elisabeth von England anzuhalten, ohne sich lächerlich zu machen; er erhielt dann freilich nur einen Hosenbandorden (vgl. Abb. 3) und eine jährliche Pension. Aber auch der finanzielle Ertrag der Tätigkeit Herzog Adolfs im Dienste des Kaisers war offenbar eher von symbolischem Wert, denn noch um die Mitte des 17. Jahrhunderts verhandelten Gottorfer Diplomaten mit dem Kaiserhof über Außenstände und die Einlösung von zwei dem Herzog ausgehändigten Schuldscheinen über insgesamt etwa 53 000 Reichstaler. Erfolg hatten sie damit nicht.

Der Sohn und der Enkel Adolfs, Herzog Johann Adolf und Herzog Friedrich III., bevorzugten die Bemühungen, die Finanzen ihres Staates durch inneren Landesausbau zu verbessern. Dazu hatten sie aber im wesentlichen nur zwei Möglichkeiten: Maßnahmen im Deich- und Wasserbau und Maßnahmen zur Förderung des Handels. Sie beschritten beide Wege.

Durch Maßnahmen des Deich- und Wasserbaus ließ sich der fruchtbare Boden an der Westküste verbessern und vermehren, und dadurch konnte das Steueraufkommen gesteigert werden. Schon unter Herzog Adolf gab es Schritte in diese Richtung, etwa die Abdämmung der Mündung der Treene in die Eider und deren Ersetzung durch zwei Sielzüge (Abb. 17). Damit wurde das weite Einzugsgebiet der Treene dem unmittelbaren Einfluß des Rückstaus bei Flut und dem Eindringen von Hochwasser bei Sturmfluten entzogen. Aber erst unter Johann Adolf und Friedrich III. wurden solche Maßnahmen in größerem Stile unternommen, und die Initiative zum Deichbau ging dabei immer deutlicher von den bäuerlichen Genossenschaften auf den Staat über. Beide Herzöge bedienten sich der Sachkenntnis vor allem von Niederländern. Hierher gehören etwa die recht zahlreichen und erfolgreichen Deichbaumaßnahmen unter dem Generaldeichgrafen Johann Claussen Rollwagen (1563/64–1623/24), der nach 1610 mehrere Köge in Eiderstedt gewann. Dabei war der Gottorfer Staat im ganzen gesehen erfolgreicher als König Christian IV., der den Ehrgeiz hatte, die gesamte Bredstedter Bucht in einem Zuge einzudeichen, und damit scheiterte. Schleswig-

Holstein-Gottorf hatte dann freilich das Unglück, daß es durch die große Sturmflut des Jahres 1634 besonders hart getroffen wurde, weil dabei die Deiche der fruchtbaren, hufeisenförmigen Insel Alt-Nordstrand zerstört wurden. Der westliche Teil dieses Gebiets, die heutige Insel Pellworm, konnte dann von den Ortsansässigen gesichert werden, aber nicht der Rest (Abb. 14). Herzog Friedrich III. und seine Regierung waren deshalb fast zwanzig Jahre lang damit beschäftigt, von diesem Teil der Insel mit Hilfe niederländischer Deichbauer und Investoren zu sichern und zu retten, was noch zu retten war. Sie konnten damit bekanntlich nur Teilerfolge erzielen, indem sie die ältesten Köge des heutigen Nordstrand bedeichten. Das ging freilich zu Lasten der ausgepowerten ortsansässigen Untertanen, die 1652 enteignet und durch niederländische „Interessenten" ersetzt wurden, die die mit ihrem Kapital eingedeichten Köge an neue Siedler verkauften oder verpachteten.

Die Tatsache, daß die niederländischen Investoren in diesem Falle Katholiken aus dem Bistum Utrecht waren, führt auf ein Problem, das sich wie ein roter Faden auch durch die Bemühungen um die Förderung des Handels zieht: die Beteiligung und Privilegierung fremder religiöser Gruppen. Das war ein wichtiges Problem, denn es geht hier um eine Zeit, in der die Religionszugehörigkeit noch nicht als Privatsache des einzelnen Bürgers galt, sondern in der der Staat auf konfessionelle Einheitlichkeit aller seiner Untertanen Wert legte und diese auch mit Zwang durchsetzte; die Fürsten gaben diesen Anspruch in der Theorie auch niemals auf, selbst wenn sie in der Praxis anders verfuhren. Der Herzog von Gottorf war zwar formal das Oberhaupt der lutherischen Landeskirche in seinem Territorium, aber er stellte trotzdem den wirtschaftspolitischen Nutzen über die Rechtgläubigkeit und räumte andersgläubigen Minderheiten Sonderrechte ein, wo er sich von ihnen Gewinn erhoffte. So geschah es 1652 den Katholiken auf Nordstrand, und ebenso war es schon 1621 den remonstrantischen Reformierten in Friedrichstadt ergangen. Herzog Friedrich III. tat mit der Erteilung dieser Privilegien nichts anderes als vor ihm schon Graf Ernst III. von Schauenburg 1602 in Altona und König Christian IV. im Jahre 1616 bei der Gründung von Glückstadt: sie schufen Freistätten, um die Wirtschaftskraft religiöser Minderheiten an sich zu ziehen. In allen diesen Fällen blieb es dann im übrigen nicht bei der Privilegierung einer einzelnen Minderheit, denn da es nun einmal eine religiöse Freistatt gab, konnte der Minderheitenschutz auch auf andere religiöse Gruppen ausgeweitet werden. So entstanden sowohl in Altona und Glückstadt als auch in Friedrichstadt jüdische Gemeinden.

Eine der Minderheiten, die von solchen Ausnahmeregelungen profitierten, waren die Mennoniten, also Wiedertäufer oder – wie sie sich selber nannten – „Taufgesinnte" in der Nachfolge des Niederländers Menno Simons (1496–1561). Sie erhielten 1623 von Herzog Friedrich III. das Recht

Abb. 14 Die Insel Alt-Nordstrand. Ausschnitt aus einer 1649 datierten Karte Johannes Mejers zur Danckwerthschen Landesbeschreibung (1652). – Die Karte gibt eine Vorstellung vom Ausmaß des Verlustes, den die Zerstörung dieser Kornkammer für den Gottorfer Staat bedeutete. Man erkennt links die zum Teil schon wiederhergestellten Deiche des heutigen Pellworm, rechts das hochliegende Gebiet um die Kirche von Odenbüll, das nach 1652 Ausgangspunkt der Bedeichung des heutigen Nordstrand wurde.

zur Niederlassung und freien Religionsausübung in Friedrichstadt. Daß ihnen zugleich auch die Genehmigung erteilt wurde, sich in Eiderstedt anzusiedeln, war nur die Anerkennung eines Zustandes, der in der Praxis schon seit einigen Jahrzehnten bestand. Die Mennoniten waren nämlich die erste religiöse Minderheit, die nach der Reformation an der Westküste des Herzogtums Schleswig eine Rolle spielte und sich schon seit etwa 1560 besonders im östlichen Eiderstedt zusammenfand, also auf Gottorfer Gebiet. Unter Herzog Adolf wurden Versuche gemacht, sie zu vertreiben, aber nach der Jahrhundertwende wurden sie zunächst geduldet und 1623 gewissermaßen anerkannt. Die Mennoniten waren Landbesitzer und nutzten das fette Weideland, das zuvor nur für die Ochsenmast genutzt worden war, für die Produktion von Milch und Käse. Das machte sich vor allem in Tönning bemerkbar. Hier wurden ständig große Mengen von Käse, Getreide, Butter, Schweinen und Speck ausgeführt. Johann Claussen Coott (gest. nach 1626) beispielsweise, der am Anfang des 17. Jahrhunderts der Wortführer der Eiderstedter Mennoniten war und auch in der Geschichte des Deichbaus eine Rolle spielte, lieferte 1608 dem Gottorfer Hof 806 Stück Käse mit einem Gewicht von fast 8000 Pfund; ein anderer Mennonit führte 1644 und 1647 binnen weniger Monate 35 600 bzw. 65 500 Pfunde Käse über Tönning aus. Das heißt: die Mennoniten waren für damalige Verhältnisse Großkaufleute, und sie handelten bis nach England, Frankreich und Spanien. Das machte die Gottorfer Herzöge geneigt, über ihren ‚Irrglauben' hinwegzusehen und sie im Lande zu lassen.

In der frühen Neuzeit verlagerte sich der Schwerpunkt des Welthandels vom Mittelmeer an die europäischen Atlantikküsten, und es entwickelte sich ein Überseehandel mit Kolonialwaren und Luxusgütern, der beträchtliche Gewinne abwarf. Dazu entwickelte sich noch eine Art Zubringerhandel, der die entstehenden großen Städte – namentlich London und Amsterdam – mit Bedarfsgütern versorgte. Alle Staaten, die im Einzugsbereich dieses neuen Wirtschaftssystems lagen, unternahmen deshalb Versuche, einen Teil der Geld- und Warenströme auf ihr Gebiet zu lenken und von ihnen zu profitieren. Das galt auch für die Herzöge von Schleswig-Holstein-Gottorf, insbesondere für Friedrich III. In diesem Zusammenhang muß von zwei Unternehmungen die Rede sein, die aus diesen Motiven entstanden: der Gründung von Friedrichstadt und der Gesandtschaft nach Moskau und Isfahan.

Von Schloß Gottorf aus konnte man aus ziemlicher Nähe beobachten, welchen Aufschwung Hamburg durch die Entwicklung des Überseehandels und die Verbindung mit den Niederlanden nahm. Auch König Christian IV. verfolgte von Kopenhagen aus diese Entwicklung mit Interesse und kam deshalb auf den Gedanken, den Hamburgern 1616 seine Neugründung Glückstadt vor die Nase zu setzen, dort – als Gegenstück zum einträglichen Sundzoll – einen Elbzoll einzurichten und mit dessen Hilfe einen Teil der

Abb. 15 Der sog. Mennonitenhof in Friedrichstadt. – Der Hof bildet den Zugang zum Bethaus der Mennoniten, das 1708 im hinteren Teil der sog. Alten Münze eingerichtet wurde (und heute der dänischen Gemeinde als Kirche dient). Bezeichnenderweise hat der gerade in seiner Sparsamkeit schöne Bau statt eines Portals nur eine einfache Tür. Foto: Günter Pump.

Gewinne der Hamburger abzuschöpfen; von Glückstadt gingen um die Mitte des 17. Jahrhunderts die ersten Vorstöße einer dänischen Handelspolitik nach Afrika und Amerika aus, die jedoch dauerhafte Erfolge erst brachten, als sie von Kopenhagener Handelskompanien fortgeführt oder erneuert wurden. Es war also nicht verwunderlich, daß auch Herzog Friedrich III. auf den Gedanken kam, etwas Ähnliches zu tun, auch wenn er keine Aussichten hatte, einen einträglichen Zoll einzurichten. Einen Plan, die Eider durch einen Kanal mit der Ostsee zu verbinden, hatte es zwar schon 1571 unter Herzog Adolf gegeben, und wenn er hätte verwirklicht werden können, wäre Tönning ein idealer Platz für eine neue Zollstelle gewesen, aber für einen solchen Kanalbau hatten am Ende des 16. Jahrhunderts die technischen und finanziellen Mittel noch nicht ausgereicht; er wurde erst gegen Ende des 18. Jahrhunderts durch den Bau des 1784 eröffneten Schleswig-Holsteinischen Kanals verwirklicht, bald nachdem der Gottorfer Staat verschwunden war und der Trassenziehung keine Grenzen mehr hinderlich im Wege standen. Die Herzöge von Gottorf dagegen mußten sich damit begnügen, überhaupt den Anschluß an den Überseehandel zu fördern.

Hamburgs internationaler Handel hatte sich zu entwickeln begonnen, als am Ende des 16. Jahrhunderts in den Niederlanden eine Auswanderungswelle in Gang gesetzt worden war, weil die katholischen Spanier die calvinistischen Niederländer unterdrückten. Ganz entsprechend sah der Gottorfer Herzog eine Chance darin, daß sich am Beginn des 17. Jahrhunderts die calvinistischen Niederländer untereinander wegen der richtigen Prädestinationslehre bekriegten und die sogenannten Remonstranten nach der Synode von Dordrecht (1619) aus ihrer Heimat vertrieben wurden. Die Quellen lassen kein sicheres Urteil in der Frage zu, ob der Herzog und seine Berater selbst auf den Gedanken gekommen sind, daß in diesen Glaubenskämpfen eine Chance für den Gottorfer Staat liege, oder ob es remonstrantische oder mennonitische Niederländer waren. Entscheidend ist die Tatsache, daß Friedrich III. den Remonstranten das Privileg erteilte, in seinem Staat eine Stadt zu gründen, in der sie das Regiment bekamen und frei ihre Religion ausüben konnten. Das sollte auf dem sogenannten Seebüll geschehen, der höherliegenden Fläche zwischen den beiden Sielzügen, durch die die Treene seit ihrer Abdämmung unter Herzog Adolf in die Eider entwässerte. 1621 wurde dort die Stadt gegründet, die den Namen des Herzogs erhielt: Friedrichstadt (Abb. 17).

Die Entwicklungsmöglichkeiten dieser Gründung hatten Friedrich III. und seine Berater zweifellos überschätzt. Ihnen war natürlich klar, daß von Friedrichstadt aus kein wirklicher Überseehandel mit Amerika oder Südostasien betrieben werden könne, denn dazu wären militärisch gesicherte Handelsniederlassungen an geeigneten Stellen vonnöten gewesen, und diese lagen gänzlich außerhalb der Reichweite des Gottorfer Staats, der ja – aus

POLICY

Gerichts-Ordeninghe

Ende Stadts-recht.

Het welcke

Van Godes genaden, wy FREDERICK, Erve tot Norvvegen, Hertogh tot Sleyſvvigh, Holſteyn, Stormarn ende der Ditmarſchen, Grave tot Oldenborgh ende Delmenhorſt,&c. Onſe Stadt FREDERICKS-STADT, na rijpe overvveginge van ſaecken in genaden gegeven, ende geconfirmeert hebben.

Ghedruckt in 't Iaer 1635.

Abb. 16 Verwaltungsordnung, Gerichtsordnung und Stadtrecht von Friedrichstadt, 1635. Schleswig-Holsteinische Landesbibliothek. – Das vom Stadtsekretär Marcus Gualtherus formulierte und von Herzog Friedrich III. erlassene Friedrichstädter Stadtrecht verbindet niederländisches und einheimisches Recht miteinander. Es wurde in Amsterdam in niederländischer Sprache gedruckt.

guten Gründen – nicht einmal eine eigene Flotte besaß; selbst der König von Dänemark mit seinen besseren Möglichkeiten mußte ja einige Jahrzehnte später die Erfahrung machen, wie mühselig es war, in einem weltumspannenden Wirtschaftssystem Fuß zu fassen, das die großen seefahrenden Mächte Westeuropas – Spanien, Portugal, Frankreich, England und die Niederlande – bereits unter sich aufgeteilt hatten. Aber auch wenn Schleswig-Holstein-Gottdorf auf den eigentlichen Überseehandel verzichten mußte, wäre doch eine Beteiligung an der sogenannten Spanienfahrt immer noch höchst einträglich gewesen, wie auch wieder das Beispiel Hamburgs zeigte. Hier wurde vor allem Getreide zur Versorgung der iberischen Halbinsel transportiert und Salz von dorther zurückgebracht. Die Gottorfer Regierung unternahm daher allerhand Versuche, sich mit Spanien darüber zu verständigen, daß die Niederländer, die sich in Friedrichstadt niederließen, keine Niederländer mehr seien, sondern Untertanen des Herzogs von Schleswig-Holstein-Gottorf und daß sie deswegen nicht als Feinde oder abtrünnige Untertanen Spaniens zu behandeln seien. Die Spanier dagegen zeigten wenig Neigung, sich auf solche Unterscheidungen einzulassen, sondern bestanden darauf, daß Schiffe, die aus Friedrichstadt kamen, auf dem Wege von und nach Spanien nicht in England und den Generalstaaten anlegen durften. Auch durften sie keine holländischen und englischen Waren importieren, selbst wenn diese in den herzoglichen Landen hergestellt waren. Käse – der neben Getreide und Stockfisch von solchen Beschränkungen eigentlich ausdrücklich ausgenommen war – mußte in Aussehen und Geschmack erkennen lassen, daß er nicht aus den abtrünnigen Niederlanden komme. Durch solche Hindernisse wurden die Entfaltungsmöglichkeiten der Friedrichstädter Kaufleute entscheidend eingeschränkt, denn von der kleinen Stadt allein konnten sie nicht leben. Friedrichstadt hatte ja kein ergiebiges Hinterland, in dem die Güter des Überseehandels gut abzusetzen waren und in dem sich Kapital für die Finanzierung dieses Handels aufbringen ließ. Die neue Stadt wurde deshalb weder zur Konkurrenz Hamburgs noch gar zur Partnerin Amsterdams, sondern blieb ein kleines Landstädtchen, das freilich wegen seines niederländischen Gepräges und seiner Funktion als religiöse Freistatt, in der – im Zeitalter der Religionskriege – zeitweilig sieben Konfessionen miteinander lebten, ein Schmuckstück der Kulturgeschichte Schleswig-Holsteins ist.

Der Plan der Gesandtschaft nach Moskau und Isfahan entstand zu einer Zeit, als Friedrichstadt gerade gegründet worden und das Scheitern dieser ehrgeizigen Unternehmung noch nicht abzusehen war. Bei der Gründung Friedrichstadts war ein niederländischer Kaufmann, der Mennonit Willem van den Hove (1568–1647) aus Haarlem, der eigentliche Motor gewesen; im Falle der Gesandtschaft wurde dies der Kaufmann Otto Brüggemann (1600–1640) aus Hamburg. Er brachte Herzog Friedrich III. und seine Be-

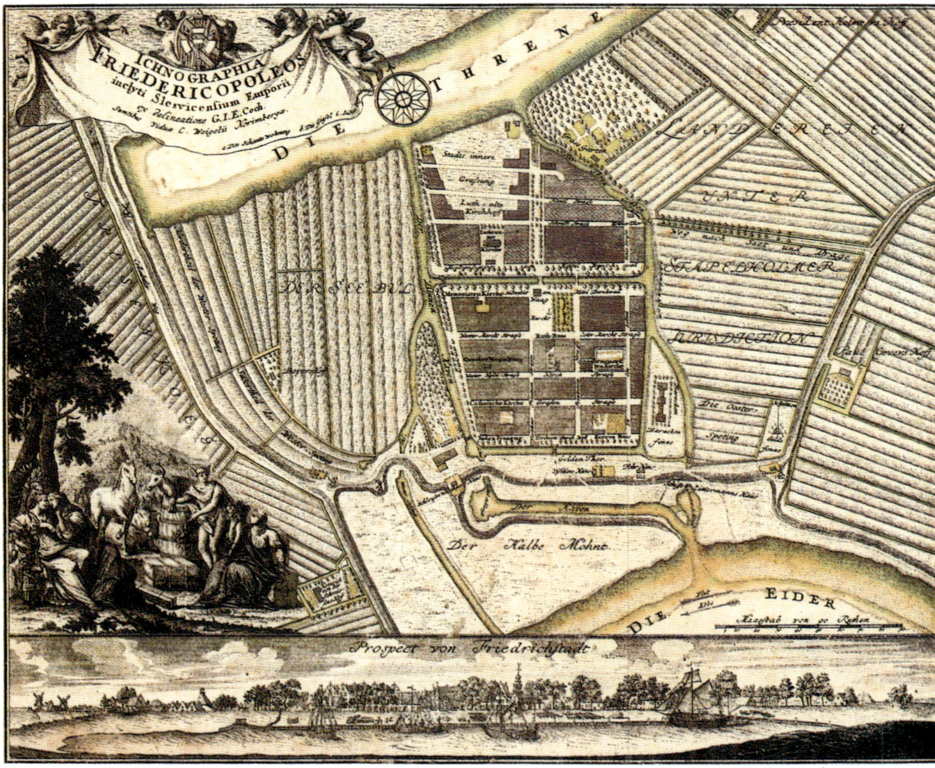

Abb. 17 Plan und Ansicht von Friedrichstadt und Umgebung. Kolorierter Kupferstich nach einer Zeichnung von G. J. E. Cock, um 1735. Stadtarchiv Friedrichstadt. – Der Plan zeigt die Stadt mit ihrem regelmäßigen Straßennetz zwischen den Sielzügen, durch die die Treene seit ihrer Abdämmung im 16. Jahrhundert in die Eider entwässert und zugleich nach Süden einen windgeschützten Hafen bildet. Auf der Ansicht erkennt man den Turm der Remonstrantenkirche.

rater auf den Gedanken, sich in Persien in den internationalen Seidenhandel einzuschalten, wie die Niederländer es 1620 getan hatten; die großen Gewinne aus dem Persienhandel schlugen sich seitdem spürbar in den Bilanzen der Holländisch-Ostindischen Kompanie nieder. Um einen Teil dieses Warenstroms über Gottorfer Gebiet zu leiten, sollte ein neuer Handelsweg eröffnet werden, der kürzer und sicherer sein sollte als der übliche Seeweg, der von Persien über Vorderindien nach Batavia (Djakarta) auf Java und dann erst um Afrika herum nach Europa führte. Die neue Route sollte teils zu Lande und teils auf Schiffen von Persien aus über das Schwarze Meer und die Wolga und dann durch Rußland und das Baltikum zur Ostsee gehen (Abb. 18), über diese dann nach Kiel, von dort aus auf dem Landweg und der Eider nach Friedrichstadt und dann weiter nach Hamburg, London und Amsterdam. Auf dieser Route war schwedisches Gebiet im Baltikum zu überbrücken, dann die Hauptstrecke durch Rußland und schließlich noch ein Stück Weges in Persien. Der Herzog verständigte sich deshalb zunächst mit Schweden und gestand diesem eine Zollablösungssumme von 400 000 Reichstalern zu, die sich bis zum vierten Jahr sogar auf 600 000 steigern sollte. Dann schickte er 1633 eine große Gesandtschaft mit Brüggemann an der Spitze in die russische Hauptstadt. Dort waren die Verhandlungen zäh, und die Gesandten mußten einer Zollablösungssumme von 600 000 Reichstalern schon im ersten Jahr zustimmen – was sie tun zu können glaubten, da sie mit Gewinnen von über 100 Prozent allein auf dem Wege von Persien nach Moskau rechneten. Die Russen gestatteten überdies nur dem Herzog und seinen Untertanen die Durchfuhr der Waren, und auch diese Einschränkung wurde akzeptiert, weil man wohl damit rechnete, noch genügend kapitalkräftige Niederländer nach Friedrichstadt ziehen zu können. Der Vertrag mit den Russen mußte, weil diese darauf bestanden, vom Herzog selbst unterzeichnet werden. Daher kehrte eine Delegation zunächst noch einmal nach Gottorf zurück, während der übrige Troß sich in Reval, auf schwedischem Gebiet, einquartierte. So konnte die Gesandtschaft erst 1635, wieder auf dem Weg über Moskau, nach Persien aufbrechen. Bei den Verhandlungen in Isfahan hoffte man den Schah dadurch zu gewinnen, daß man ihm in Aussicht stellte, den Export persischer Waren durch die Türkei überflüssig zu machen und dem Sultan so beträchtliche Zolleinnahmen zu entziehen; außerdem ‚informierte' Brüggemann ihn über ein angeblich von Herzog Friedrich III. zustande gebrachtes Bündnis der europäischen Mächte, deren Truppen bereit seien, unter dem Kommando des Schah in den Kampf gegen die Türken zu ziehen. Der Schah legte sich nicht fest, schickte aber immerhin einen Unterhändler, der 1639 bald nach der Rückkehr der eigenen Gesandtschaft auf Schloß Gottorf erschien. Trotzdem wurde aus dem Seidenhandel nichts, weil der persische Gesandte keine Vollmacht zum Abschluß eines Vertrags hatte und seinerseits wohl auch sehr schnell erkannte,

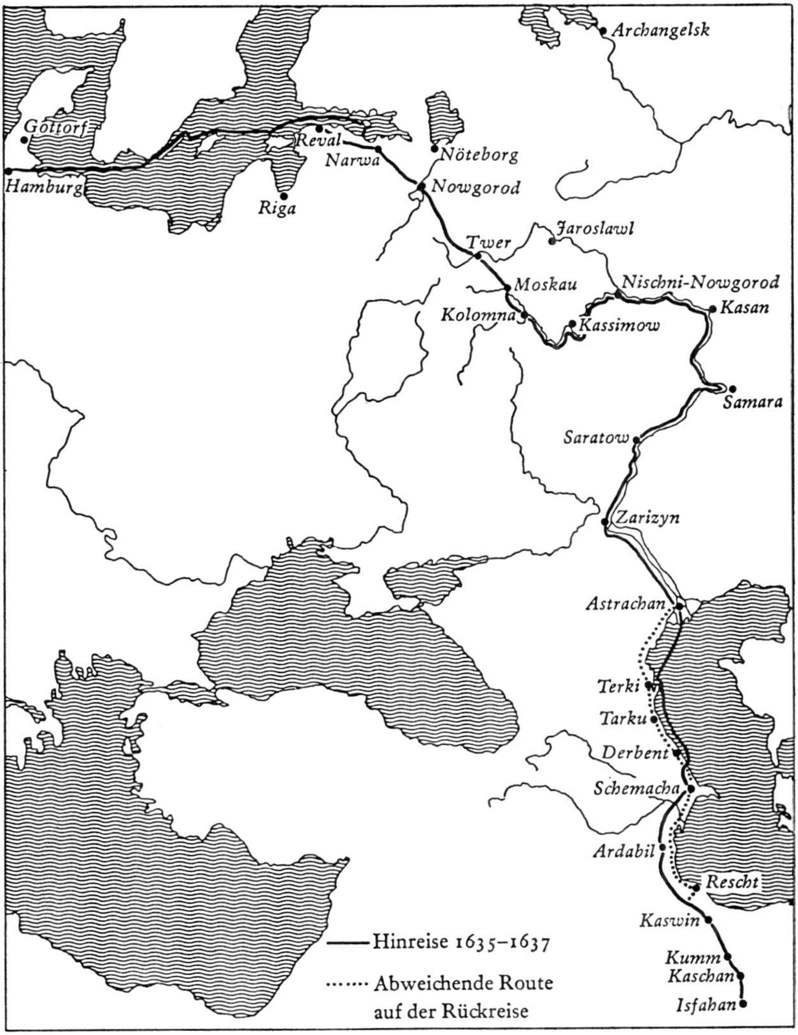

Abb. 18 Der Reiseweg der Gottorfer Gesandtschaft nach Moskau und Isfahan (1635–1639). Karte aus dem fotomechanischen Neudruck der Reisebeschreibung von Adam Olearius, Tübingen 1971. – Die Route beschreibt zugleich den Weg für den Seidenhandel, der durch die Gesandtschaft geschaffen werden wollte.

daß von einem europäischen Feldzug gegen die Türken nicht die Rede sein könne. Aber auch ohne diese großsprecherische Windbeutelei (die Brüggemann nach einem Prozeß den Kopf kostete) mußte das ehrgeizige Projekt scheitern, weil man auf Gottorf die Probleme falsch eingeschätzt hatte, etwa die mangelnde Kooperationsbereitschaft der mißtrauischen Russen und die geringen Aussichten, die Niederländer, die den Seidenhandel aus Persien im wesentlichen in der Hand hatten, auch nur teilweise aus diesem Geschäft zu verdrängen. Außerdem war kaum jemand bereit, das nötige Kapital in ein Unternehmen zu stecken, das man unrealistisch kalkuliert fand; unter den Gottorfer Untertanen gab es wohl auch nicht einmal genügend Kaufleute, die dazu überhaupt imstande gewesen wären. So blieben von dem großangelegten Unternehmen nur zwei Dokumente der Kulturgeschichte Schleswig-Holsteins übrig: die (im Zweiten Weltkrieg zerstörten) Persianischen Häuser am Kieler Marktplatz, die aus Bauholz errichtet wurden, das eigentlich für ein Packhaus für den Seidenhandel bestimmt gewesen war, und die „Moscowitische und Persianische Reisebeschreibung“ (Abb. 19), die der Gesandtschaftssekretär Adam Olearius mit Hilfe der Hofbuchdruckerei in Schleswig veröffentlichte und die eines der bedeutenden Zeugnisse der Gottorfer Kultur geworden ist.

Kultur

Im Mittelalter waren im deutschen Sprachraum Bischofssitze, reiche Klöster und große Handelsstädte die Zentren des kulturellen Lebens. Dort wurden die großen Bauten errichtet, die Altäre und Andachtsbilder in Auftrag gegeben und die Bücher abgeschrieben und illuminiert. Nördlich der Elbe verkörpern Schleswig mit seinem Dom, Bordesholm mit seiner Bibliothek und Lübeck mit dem Rathaus und der Marienkirche im Zentrum besonders eindrucksvoll diese Grundtypen kultureller Zentren. In der Frühen Neuzeit bekamen sie in dieser Rolle Konkurrenz durch die Fürstenhöfe, und wo sich mit der Reformation das Luthertum durchsetzte, wurden diese sogar bis in das 18. Jahrhundert hinein der herrschende Typus, denn die Klöster verschwanden völlig (sofern sie nicht zu adeligen Damenstiften umgewandelt wurden), und die Bischofssitze mußten sich den Höfen unterordnen. Es war also ein im historischen Sinne exemplarischer Vorgang, daß sich neben Schleswig der Fürstensitz Gottorf entwickelte und damit aus der alten Bi-

Abb. 19 Vornehme Perser und Russen flankieren den Kupfertitel zur zweiten Ausgabe der Reisebeschreibung von Adam Olearius, Schleswig 1656. Schleswig-Holsteinisches Landesmuseum.

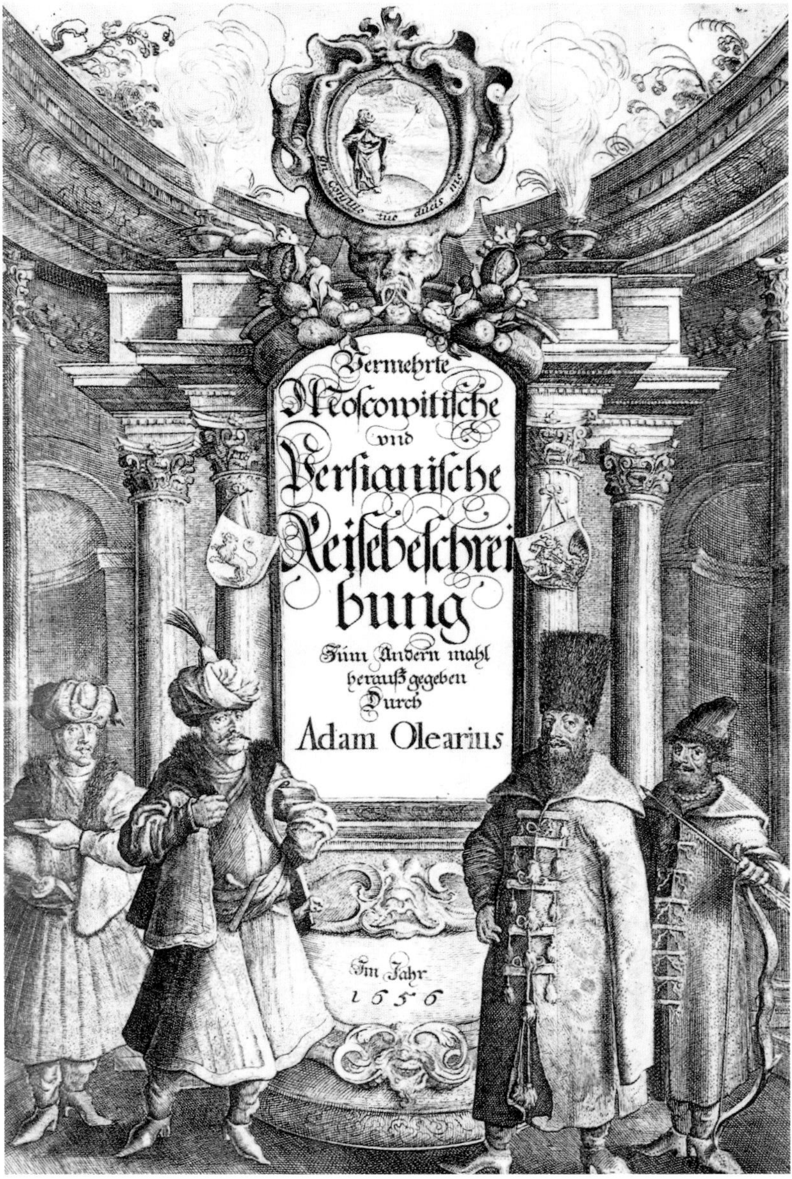
Vermehrte
Moscowitische
vnd
Persianische
Reisebeschrei
bung
Zum Andern mahl
herauß gegeben
Durch
Adam Olearius
Im Jahr
1656

schofsstadt eine frühneuzeitliche Residenzstadt wurde sowie daß die auf Gottorf residierenden Herzöge im 16. Jahrhundert erst die Bordesholmer Klosterkirche und im 17. Jahrhundert dann den Schleswiger Dom zur herrschaftlichen Grablege machten und zu deren Schmuck auch den Bordesholmer Altar nach Schleswig holen ließen. Da die fürstliche Residenz die Künstler und die Künste an sich zog, war die Kultur des Gottorfer Staates weitgehend identisch mit der Kultur des Gottorfer Hofes. Nur der Witwensitz Husum war daneben von Bedeutung, während die anderen landesherrlichen Schlösser nur die Stationen kurzer Aufenthalte von Teilen des Hofes waren und deshalb keine eigene Anziehungskraft entwickeln konnten. Von den Städten im Territorium des Herzogs zählten ohnehin nur Husum und Tondern aufgrund ihres bürgerlichen Wohlstands; Kiel dagegen wurde trotz des landesherrlichen Schlosses erst durch die Gründung der Universität 1665 zu einer Stätte der Kultur. Die folgenden Ausführungen beschränken sich daher fast ganz auf den Gottorfer Hof. Dieser war im übrigen das wichtigste kulturelle Zentrum nicht nur des Herzoglichen Anteils, sondern der gesamten Herzogtümer, denn der Königliche Anteil hatte seinen politischen, sozialen und kulturellen Schwerpunkt nicht im Lande selbst, sondern in Kopenhagen; nur der königliche Statthalter Heinrich Rantzau (1526–1598) setzte dank seines Reichtums seit etwa 1565 auf seinen Gütern eine rege Bautätigkeit in Gang, ließ Hamburger Goldschmiede und niederländische Kupferstecher für sich arbeiten und sammelte auf der vom Vater ererbten Breitenburg und an seinem Amtssitz Segeberg Literaten um sich, doch erlosch dieses kulturelle Leben fast fürstlichen Zuschnitts mit seinem Tode wieder. Sonst gab es nur in der alten Handelsstadt Flensburg ein wohlhabendes Bürgertum, das kulturellen Aufwand treiben konnte, während sich in der Neugründung Glückstadt im 17. Jahrhundert im Umkreis der Regierungskanzlei und der Druckerei ein recht reges literarisches Leben entwickelte, das mit Hamburg und mit andern Städten zu beiden Seiten der Niederelbe in enger Verbindung stand. Als das Schloß Gottorf mit dem Nordischen Krieg seine Funktion als fürstliche Residenz verlor, konnte deshalb kein anderer Ort in den Herzogtümern seine Rolle als kulturelles Zentrum übernehmen. Auch das zeigt seine besondere Bedeutung für die Kulturgeschichte Schleswig-Holsteins.

Damit die Fürstenhöfe zu Zentren des kulturellen Lebens werden konnten, mußte sich das politische Leben dahin entwickeln, daß die Landesherren nicht mehr mit ihrem Troß von Burg zu Burg zogen, sondern eines ihrer Schlösser zur ständigen Residenz machten und dort eine staatliche Verwaltung aufbauten. Der dänische Kanzler und Geschichtsschreiber Arild Huitfeldt (1546–1609) charakterisierte um 1600 König Friedrich I. mit einem bekannten Wort als „eine alte Henne, die nur ungern ihr Nest auf Gottorf verließ“. Darin kam natürlich zunächst einmal die Irritation darüber zum Ausdruck, daß der König von Dänemark nicht Kopenhagen als Residenz wählte, sondern sein ererbtes Schloß am südlichen Rande des Reiches, aber aus der Formulierung spricht zugleich auch Verwunderung über den Wandel in der Organisation des politischen Lebens, der erst im 17. Jahrhundert zum Abschluß kam; Huitfeldts Zeitgenosse Christian IV. zog ja noch viel im Lande umher, und erst dessen Nachfolger, König Friedrich III., kam kaum mehr aus Kopenhagen heraus.

Mit dem Seßhaftwerden der Fürsten wandelten sich auch die Formen der Ausübung der Macht. Mittelalterliche Fürsten waren im Grunde allesamt Ritter, die als tatkräftige Personen mit dem Schwert in der Faust ihre Macht ausübten und durchsetzten. In der Frühen Neuzeit trat dann an die Stelle des ritterlichen Schwertes mehr und mehr die Feder des Kanzleibeamten. Damit aber zog sich die tatsächliche Ausübung der Macht immer mehr in die Abgeschlossenheit der Kammer zurück, und der dadurch entstehende Verlust an sinnfälliger Gegenwart verlangte nach Kompensation. Diese fand man vor allem in der Repräsentation, der zeichenhaften Darstellung von Macht und Machtanspruch, die deshalb zu einem wesentlichen Kennzeichen allen höfischen Lebens in der Frühen Neuzeit wurde. Die Prachtentfaltung in den Schloßbauten und ihrer Ausstattung sowie bei den höfischen Zeremonien und Festlichkeiten war also nicht einfach verantwortungslose Verschwendung, wie die bürgerliche Hofkritik des 18. Jahrhunderts gern hat glauben machen wollen, sondern in ihrem Kern eine für ihre Epoche zweckmäßige Darstellung fürstlicher Macht. Diese wurde nun nicht mehr in erster Linie durch das Schwert als ein Zeichen der Gewalt beherrscht, sondern durch Ordnung, durch hierarchische Stufung der Nähe zum Thron oder der Ferne von ihm.

Die Künste, die von den Höfen gepflegt und gefördert wurden, dienten natürlich immer auch dem Zeitvertreib und hatten einen Zug zum Dekorativ-Ornamentalen, aber das eigentlich höfische Element kam am deutlichsten in der Tatsache zur Geltung, daß sie dem Zweck der Repräsentation dienstbar gemacht wurden. Das zeigte sich in Gottorf sehr deutlich in der Architektur, im Bau des Schlosses und seiner Einbettung in die Umgebung. Während der ganzen Frühen Neuzeit war Schloß Gottorf niemals ein Werk aus einem Guß, sondern immer das Ergebnis von Umbauten, die mehr oder minder geglückte Kompromisse zwischen dem jeweiligen repräsentativen Anspruch und den schon vorhandenen Baulichkeiten zur Folge hatten. Dennoch kann man auch am heute vorhandenen Bau diesen Anspruch ablesen. Das gilt zunächst einmal für die zum Innenhof gelegene Schaufassade des Westflügels, die um 1980 freigelegt und rekonstruiert worden ist. Sie stammt wohl noch aus der Zeit König Friedrichs I. und ist das früheste Zeugnis für einen Renaissancebau im ganzen Norden. Sie lag dem ursprünglichen Hauptportal zum Schloßhof gegenüber und demonstrierte fürstliche Macht

Abb. 20 Schloß Gottorf in arkadischer Umgebung. Radierung zu Oswald Belings Übersetzung der Eklogen Vergils, „Verdeutschete Waldlieder" (Schleswig 1649). Schleswig-Holsteinisches Landesmuseum. – Die Radierung zeigt das Schloß von Süden in der Gestalt des 17. Jahrhunderts mit dem Zugang über eine hölzerne Brücke.

Abb. 21 Schloß Gottorf von Süden nach den Umbauten unter Herzog Adolf und Herzog Friedrich III. Kupferstich von Christian Fritzsch (nach einer älteren Zeichnung) bei Ernst Joachim Westphalen (Hrsg.): Monumenta inedita, Bd. 3, Leipzig 1743. – Man erkennt die Schaufassade des Westflügels im Innenhof und die große Zahl der Renaissance-Ziergiebel, die auf der Hofseite des Nordflügels ohne Beziehung zur Wandgliederung aufgesetzt sind, während die Front des Südflügels trotz des Ungleichgewichts im Ostteil als Ganzes stärker durchgeformt ist.

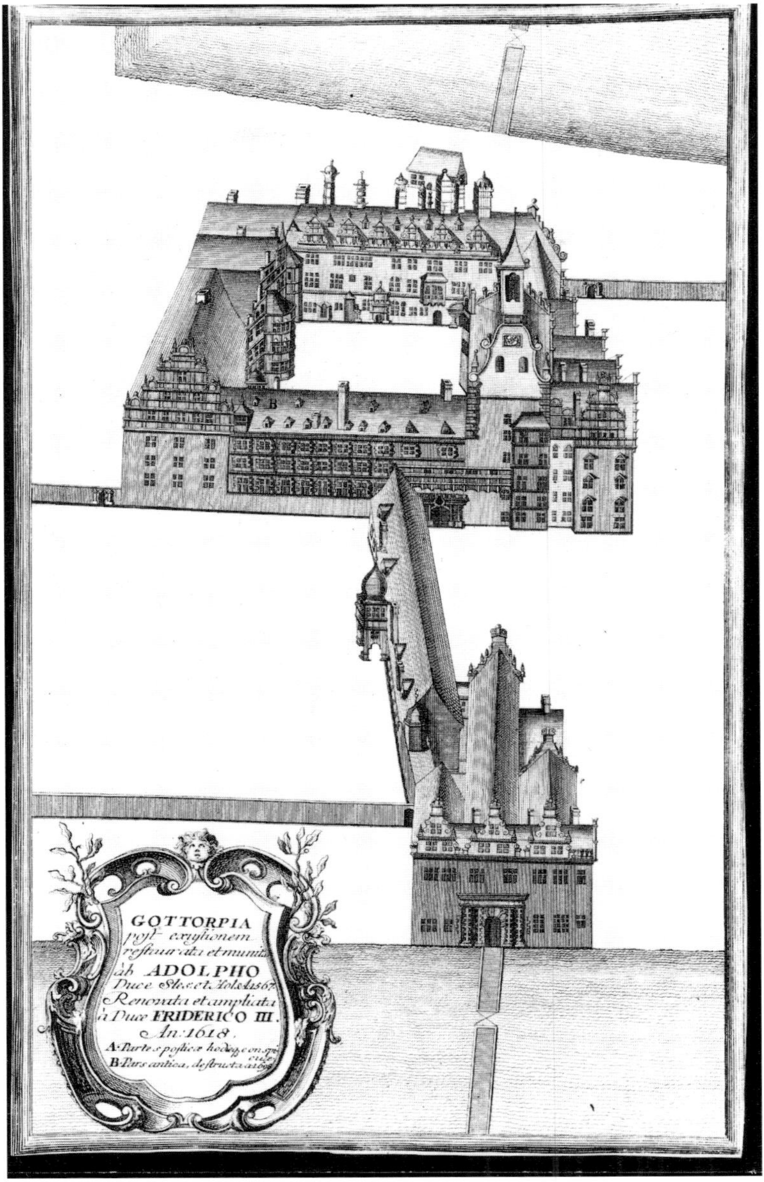

GOTTORPIA
post exustionem
restaurata et munita
à ADOLPHO
Duce Sles. et Hols. A. 1567.
Renovata et ampliata
à Duce FRIDERICO III.
An: 1618.
A. Partes posticæ hodieque conspiciuntur
B. Pars antica, destructa

Abb. 22 Das Schloß vor Husum nach der Wiederherstellung des Turms. Foto: Günter Pump

durch die neuartige, reiche Gliederung der Fassade, die Verwendung von Zierelementen aus Haustein (der von fernher importiert werden mußte) und die eingelagerten Reliefs mit allegorischen Darstellungen.

Von den Bauarbeiten, die Herzog Adolf auf Schloß Gottorf vornehmen ließ, ist heute nichts mehr sichtbar, doch zeugen die beiden Schlösser, die er nach seiner Rückkehr aus den südlichen Niederlanden in Reinbek (Abb. 23) und Husum (Abb. 22) errichten ließ, nach ihrer Restaurierung wieder von seiner Aufgeschlossenheit für moderne Architektur, etwa die Form der Dreiflügelanlage, die Verbindung von rotem Backstein und gelblichem Sandstein und die reiche Durchfensterung. Beim letzten seiner großen Bauten, dem im 18. Jahrhundert abgerissenen Schloß Tönning, das auf quadratischem Grundriß vier Pavillons um einen Mittelbau gruppierte, nahm Herzog Adolf sich sogar französische Schlösser zum Vorbild. Reinbek war deutlich weniger auf Repräsentation angelegt als die Nebenresidenz Husum mit ihrer strengen Symmetrie und dem dominierenden Treppenturm in der Mittelachse, denn da es von Herzog Adolf – wie auch später von seinen Nachfolgern – vor allem im Sommer benutzt wurde, bekam es den Charakter eines Jagd- und Lustschlosses mit heiter wirkenden Arkaden, die sich nach

Abb. 23 Schloß Reinbek nach der Restaurierung. Foto: Günter Pump

außen öffneten. Allein die Zahl der von Herzog Adolf unternommenen Neubauten zeugt im übrigen von der wirtschaftlichen Blütezeit der Herzogtümer in der zweiten Hälfte des 16. Jahrhunderts, als Frieden herrschte.

Ein Jahrhundert lang konnte keiner der Nachfolger Adolfs als Bauherr mit ihm konkurrieren, weil die Finanzen es nicht zuließen. Dennoch verzichteten auch sie nicht auf die repräsentative Ausgestaltung und Modernisierung ihrer Residenz. So wurde unter Adolfs zweitem Sohn, Herzog Philipp (1570–1590), der seinem älteren Bruder Friedrich 1597 auf dem Thron folgte, die alte Schloßkapelle im Ostflügel des Schlosses durch eine neue im Nordflügel ersetzt. Sie erhielt die für lutherische Kirchen bezeichnenden

Abb. 24 Die Gottorfer Schloßkapelle mit den von Marten und Govert van Achten bemalten Emporen und der Schaufront des herzoglichen Betstuhls über dem Altar.

Emporen, die der Sammlung der Gemeinde um die Predigt dienen sollten, hier aber zugleich die Sonderung des Fürsten und seiner hohen Beamten vom einfacheren Hofgesinde erlaubten. Philipps Bruder Johann Adolf ließ dann zwei Jahrzehnte später in der Kapelle eine Betstube einrichten, die von zwei Schleswiger Bildschnitzern auf das reichste mit Schnitzereien und Intarsien ausgestattet wurde (Abb. 25). Mit den Säulen und Fenstern ihrer farbigen Renaissance-Fassade und ihrer Bekrönung durch große Wappen des Herzogs und seiner Frau dominiert sie den ganzen Raum, einschließlich des Altars, der sich unter der Betstube und zwischen den beiden Fenstern der Stirnwand nur in bescheidenen Dimensionen entfalten kann (Abb. 24).

Herzog Friedrich III. ließ viele Innenräume neu ausstatten, manche von ihnen mit den heute noch vorhandenen Stuckdecken, andere mit Seidenstoffen, die der persische Gesandte als Geschenke mitgebracht hatte, und

Abb. 25 Intarsien und Schnitzereien von Andreas Salgen und Jürgen Gower in der Decke und der östlichen Türwand des herzoglichen Betsuhls in der Gottorfer Schloßkapelle.

den Tanzsaal mit einer Folge von 22 Gemälden aus dem Leben der Vorfahren seiner Frau Maria Elisabeth, einer Tochter des Kurfürsten von Sachsen. Nicht zuletzt schuf er in der Nähe seiner privaten Gemächer einen Komplex, der von seinen eigenen wissenschaftlichen Interessen geprägt war: die unter Friedrich I. erbaute gotische Halle im Südflügel wurde als Kunstkammer eingerichtet, der angrenzende Eckraum als Bibliothek. Jenseits des Wassers, das die Schloßinsel umgab, ließ er seit 1640 das „Neue Werk" anlegen (Abb. 27 u. 28). Dieses war der erste barocke Garten im Lande, eine Terrassenanlage, die mit ihrer Hauptachse auf den Schloßbau bezogen war und als Ganzes das Bestreben spiegelte, die als wild und ungeregelt empfundene Natur einer rationalen Ordnung zu unterwerfen. Höchst bezeichnend für diesen Grundgedanken war die überlebensgroße Statue des Herkules, die in einem großen viereckigen Bassin am Fuße der Terrassenanlage stand. Herkules, der griechische Halbgott, der Ordnung schafft, indem er eine Reihe von Ungeheuern bekämpft, die das Leben der Menschen gefährden, der Held, der mühevolle Arbeiten ausführt und zur Belohnung in den Götterhimmel versetzt wird, war in der höfischen Kunst des Barockzeitalters ein beliebtes Motiv, in dem die Rolle des Fürsten in idealer Gestalt gespiegelt wurde. In der Wahl dieses Motivs für die Gartenarchitektur des „Neuen Werks" lag also nichts, was für Gottorf spezifisch gewesen wäre. Anders verhielt es sich mit der Friedrichsburg auf der untersten Stufe der Terrassen, einem Gebäude mit Flachdach, Balusterbrüstung und einem Türmchen, das in seinem Typus für Nordeuropa völlig ungewöhnlich war und, wenn man den zeitgenössischen Berichten glauben darf, an orientalische Bauten erinnerte. Es war eigens für den berühmten Gottorfer Globus errichtet, der aus gravierten Kupferplatten bestand und etwa drei Meter Durchmesser hatte (Abb. 26). Außen stellte er die Erde dar, und innen war er als eine Art Planetarium eingerichtet, das mit Hilfe des Wassers, das über die Terrasse heruntergeleitet wurde, in Bewegung gesetzt werden konnte. Er spiegelte innerhalb des Gartens auf besonders sinnfällige Weise die berechenbare Ordnung der Welt.

Die letzte Stufe repräsentativer Architektur auf Schloß Gottorf war der große Umbau, der 1697 unter Herzog Friedrich IV. begonnen und nach dessen Tod in der Schlacht bei Klissow 1702 nicht mehr weitergeführt wurde. Nur der 27 Fensterachsen breite Südflügel, der in seinem westlichen Teil die gotische Halle mit der Kunstkammer integrierte und der durch Hauptportal und Turm einen kräftigen Akzent bekam, wurde 1703 noch fertig (Abb.

Abb. 26 Blick durch die Einstiegluke in das Innere des Gottorfer Globus. Foto um 1946, als der Globus in der Lübecker Gasanstalt zu sehen war. Seit der Restaurierung nach einem Brand (1747) sind die Beschriftungen des Globus russisch.

Die zu Gottorff im Schloss=garten
Año 1705. im Sept: blühende große
AMERICANISCHE ALOE.

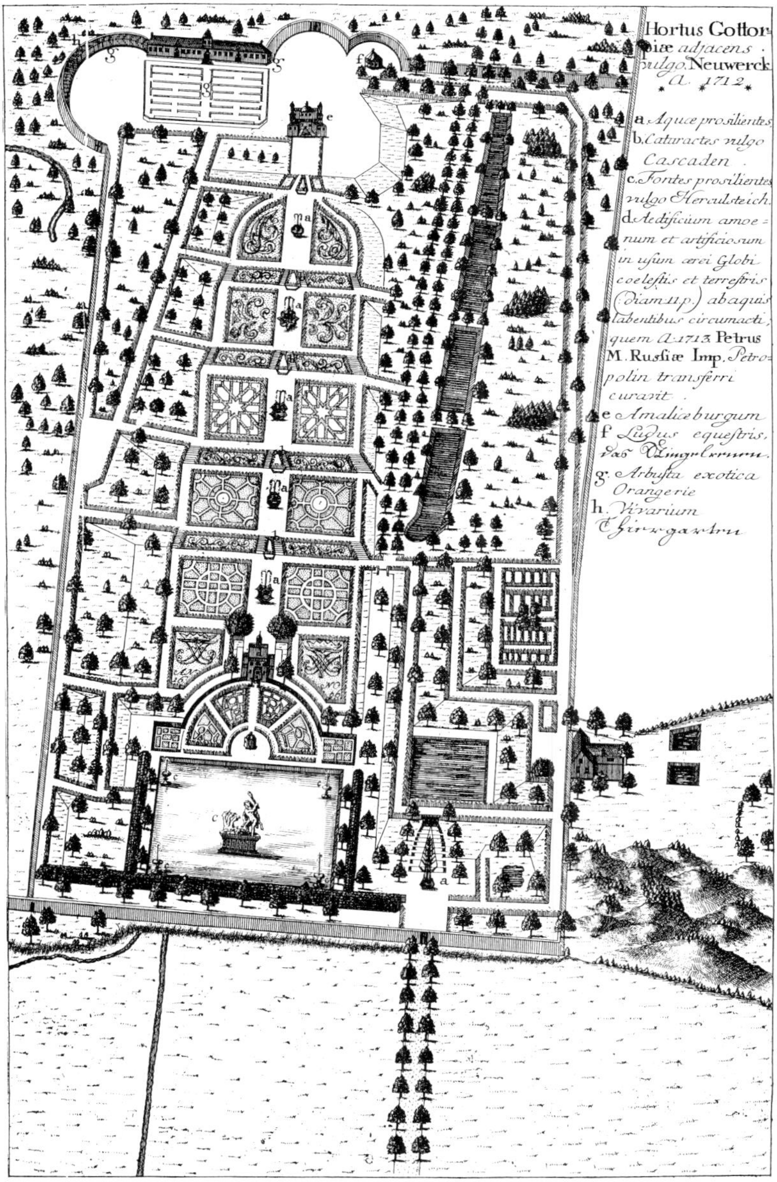
Hortus Gottorpiæ adjacens vulgo Neuwerck
A. 1712.
a. Aquæ prosilientes.
b. Cataractes vulgo Cascaden.
c. Fontes prosilientes vulgo Herculsteich.
d. Aedificium amoenum et artificiosum in usum æerei Globi coelestis et terrestris (diam. 11. p.) ab aquis labentibus circumacti; quem A. 1713. Petrus M. Russiæ Imp. Petropolin transferri curavit.
e Amalieburgum
f Ludus equestris, das Ringelrennen.
g. Arbusta exotica Orangerie
h. Vivarium Thiergarten

11). Auch wenn es sich hier um eine Architektur handelte, die den Einfluß Schwedens und der militärischen Nüchternheit, die dort unter Karl XII. herrschte, verriet, kam in ihr repräsentativer Anspruch zum Ausdruck, allein schon in den Ausmaßen, in denen sie angelegt war. Der Bau fiel größer aus, als es dem kleinen Staat wohl angemessen war und es die Finanzen erlaubten, und wirkte maßlos im Vergleich mit dem „Nest", mit dem Friedrich I. sich auch als König von Dänemark begnügt hatte (Abb. 13). Er sollte zweifellos die Souveränität zum Ausdruck bringen, die die Herzöge von Schleswig-Holstein-Gottorf für immer errungen zu haben glaubten.

Durch die Eheschließung mit der kursächsischen Prinzessin Maria Elisabeth kam Herzog Friedrich III. in unmittelbare Berührung mit der Kultur des Dresdner Hofes, der damals im protestantischen Deutschland tonangebend war. Die Mitgift der Prinzessin, zu der mehrere Gemälde von Lucas Cranach gehörten, markierte ein kulturelles Anspruchsniveau, hinter das man auf Gottorf nicht allzu empfindlich zurückfallen wollte und durfte. So bemühte man sich dort um den Aufbau einer guten Gemäldesammlung und um die Beschäftigung tüchtiger Hofmaler. Der bedeutendste unter diesen war Jürgen Ovens (um 1623–1678), ein Maler von internationalem Rang, dessen Hauptwirkungsstätten Amsterdam und Friedrichstadt waren (Abb. 29). Er war in Tönning geboren und in den Niederlanden ausgebildet und arbeitete von 1652 bis 1657 und von 1663 bis zu seinem Tod in Friedrichstadt fast ausschließlich für den Gottorfer Hof. 1654 begleitete Ovens Prinzessin Hedwig Eleonora

Auf den beiden vorhergehenden Seiten:
Abb. 27 Die blühende Aloe im Gottorfer Schloßpark. Kupferstich, 1705. Schleswig-Holsteinisches Landesmuseum. – Daß eine Aloe in Nordeuropa zum Blühen gebracht wurde, war eine Sensation, die die rühmende Verbreitung im Bilde verdiente. Im Hintergrund sieht man die Kaskaden des Neuwerk-Gartens mit dem unter Herzog Christian Albrecht errichteten Gebäude, das zu Ehren seiner Gemahlin Friederike Amalie den Namen „Amalienburg" erhielt.

Abb. 28 Der Neuwerk-Garten bei Schloß Gottorf. Kupferstich von Christian Fritzsch (1743) nach einer Zeichnung von 1712 bei Ernst Joachim Westphalen (Hrsg.): Monumenta inedita, Bd. 3, Leipzig 1743. – Der Plan zeigt rechts unten den mit Bäumen bestandenen Damm, der zur Schloßinsel führt. In der Hauptachse des Gartens vorn das große Bassin mit der Herkules-Statue, im Scheitelpunkt des halbkreisförmigen Parterres die „Friedrichsburg" und auf der Höhe die „Amalienburg".

Abb. 29. Jürgen Ovens (um 1623–1678): Selbstporträt. Schleswig-Holsteinisches Landesmuseum.

nach Stockholm und hielt dort in mehreren großen Gemälden ihre Hochzeit mit Karl X. Gustav und ihre Krönung zur Königin von Schweden fest. Als Hofmaler hatte er dieselben Bildgattungen zu pflegen, die ihm auch seinen Erfolg bei den Amsterdamer Bürgern sicherten: Porträts und Historiengemälde.

Ein Fürstenhof der Frühen Neuzeit besaß selbstverständlich eine Porträtsammlung, die durch den Hofmaler und durch Geschenke befreundeter Häuser ständig ergänzt wurde; die Gegengeschenke lieferte dann wieder der eigene Hofmaler. In einem Zeitalter, in dem das Reisen langsam und beschwerlich war, in dem man seine entfernt lebenden Verwandten vielleicht nur zwei- oder dreimal im Leben sah und in dem eine Prinzessin nicht selten für immer von ihren Eltern Abschied nehmen mußte, wenn sie an einen anderen Hof verheiratet wurde, hatten Porträts einen hohen Gefühls- und Erinnerungswert, aber sie hatten doch niemals privaten Charakter, sondern repräsentierten auch immer den Status des Dargestellten in Kleidung und Beigaben. Zugleich aber brachte eine fürstliche Porträtgalerie auch die verwandtschaftlichen Verbindungen mit anderen Häusern sinnfällig zur Erscheinung und damit auch die Verbindungen zu Bündnispartnern oder die Anwartschaft auf das Erbe von Thronen oder Territorien. Neben den Porträts fanden sich fast immer auch gemalte Stammbäume, die die Lückenlosigkeit der fürstlichen Genealogie, die dynastischen Verflechtungen des Hauses und die aus beidem abgeleitete Würde darstellten (Abb. 33). Geschichte spiegelte sich in solchen Sammlungen nur, insofern die gemalten Ereignisse es erlaubten, ein Mitglied des Hauses in den Mittelpunkt zu rücken, wie in der erwähnten Folge mit Szenen aus dem Leben der Vorfahren der Herzogin Maria Elisabeth. Von Herzog Christian Albrecht erhielt Ovens bezeichnenderweise den Auftrag, eine Serie von zwölf Bildern aus dem Leben der Könige und Herzöge aus dem Oldenburgischen Hause bis zurück zum Stammvater, König Christian I., zu malen; auch die Verleihung des Hosenbandordens an Herzog Adolf gehörte zu den Themen dieses Zyklus, und eines der Bilder stellte die Abstammung Christian Albrechts von Christian I. dar. Porträts im modernen Sinne waren die älteren Stücke natürlich nicht, aber darauf kam es für die Zwecke der Repräsentation auch viel weniger an als auf die genealogische Folge und ihre Lückenlosigkeit.

Repräsentativen Charakter hatten auch die Darstellungen, die in barocker Manier Porträts und allegorische Überhöhung miteinander verbinden wie Ovens' 1652 gemalte Darstellung Herzog Friedrichs III. und seiner Familie, in der die beiden ältesten Töchter als Verkörperung des Friedens und der Minerva/Pallas Athene als Beschützerin der Künste auftreten (Abb. 30), oder ein anderes großes Gemälde, das Ovens 1661 noch in Amsterdam ausführte und das Herzog Christian Albrecht als dem Beschützer von Wissenschaften und Künsten huldigt. Wo die Grenze zwischen Porträt und Allegorie verläuft, ist dem modernen Betrachter ohne Erläuterungen zuweilen kaum er-

Abb. 30 Herzog Friedrich III. und seine Familie. Gemälde von Jürgen Ovens, 1652. Nationalhistorisches Museum Frederiksborg. – Das Stück (62 x 101 cm) ist eine Vorarbeit zu einem großen Gemälde in Stockholm (314 x 477 cm). Es wurde anläßlich eines Friedensfestes auf Schloß Gottorf gemalt. Daß die Prinzessin Hedwig Eleonora dabei als Verkörperung des Friedens so deutlich herausgehoben wird, geschieht zweifellos im Hinblick auf ihre Verlobung mit dem schwedischen Thronfolger, Karl X. Gustav.

kennbar, wie etwa bei dem 1646 von Ovens gemalten Porträt der Herzogin Maria Elisabeth mit ihren Söhnen, wohl einer der frühesten Arbeiten, die er für den Hof ausführte (Abb. 32). Daß hier Wappen und andere Zeichen des Standes fehlen, macht die Szene doch nicht zu einem privaten Familienbild. Die Mutter erscheint vielmehr in der Haltung der Caritas, und auch emblematische Motive wie das Füllhorn, der Lorbeer und der sich um einen Baum rankende Weinstock verweisen auf die höhere Ebene idealer Ordnung.

Neben der Malerei hatte auch die Musik große Bedeutung für die Hofkultur. Der Repräsentation dienten dabei vor allem die Hoftrompeter, die bei offiziellen Akten und Auftritten die musikalischen Signale gaben und bei

Abb. 31 Herzog Friedrich III. im Park von Schloß Gottorf. Gemälde von Jürgen Ovens. Schleswig-Holsteinisches Landesmuseum. – Links im Hintergrund erkennt man das Globushaus – die Friedrichsburg – mit seinem Zwiebelturm, zwischen Stock und Stulpenstiefel des Herzogs die Herkulesstatue.

Festzügen und Leichenbegängnissen eingesetzt wurden. Sie bildeten im allgemeinen eine gesonderte, von der Hofkapelle deutlich geschiedene Gruppe von Musikern, die es auf Schloß Gottorf gab, solange der Hof existierte. Neben ihnen gab es einen Hoforganisten, der vor allem für die geistliche Musik zuständig war. Der namhafteste unter ihnen war der junge, von der Insel Fehmarn stammende Franz Tunder (1614–1667), der von 1633 bis 1641 auf

Abb. 32 Herzogin Maria Elisabeth von Schleswig-Holstein-Gottorf und ihre Söhne. Gemälde von Jürgen Ovens, 1646. Schleswig-Holsteinisches Landesmuseum. – Die Herzogin erscheint hier nicht als Fürstin, sondern als Caritas und damit als Verkörperung der Mutterliebe. Sie hat ihre vier lebenden Söhne um sich; drei bald nach der Geburt verstorbene erscheinen im Hintergrund. Das Porträt ist daher zugleich eine Allegorie auf die Stammfolge des Herzogshauses.

Gottorf tätig war und dann als Organist an die Marienkirche in Lübeck berufen wurde. Die eigentliche Hofkapelle auf Gottorf hatte im 16. Jahrhundert den Charakter einer Kantorei. Seit Beginn des 17. Jahrhunderts wurde der polyphone Gesang jedoch allmählich durch die Musik von Streichinstrumenten und den Liedgesang zur Laute verdrängt. So kam der berühmte englische Violinist William Brade (1560–1630) schon früh nach Gottorf und widmete 1609 Herzog Johann Adolf eine Sammlung von Tänzen und Suiten; 1614 und wieder 1622–1625 war er als Hofmusikant angestellt. Der Hoftrompeter Gabriel Voigtländer (um 1596–1643) wurde auf Gottorf 1632–1635 so ungewöhnlich gut besoldet, daß man annehmen muß, er habe nicht nur diese musikalische Rolle ausgefüllt, sondern daneben auch schon die neue Form des Liedes, mit der er 1642 in seiner Sammlung „Allerhand Oden und Lieder" an die Öffentlichkeit trat, gepflegt und sie zur Laute vorgetragen.

Im Laufe des 17. Jahrhunderts wuchs die Gottorfer Hofkapelle an Umfang, und trotz der wirtschaftlichen Schwierigkeiten des Staates und der Unterbrechungen durch Krieg und Exil erreichte sie am Ende des Jahrhunderts ihre größte Leistungsfähigkeit. 1665 wurde Augustin Pfleger vom Hof in Güstrow als Hofkapellmeister nach Gottorf berufen, da man vermutlich bei den Feierlichkeiten zur Gründung der Universität Kiel mit besonders guter Musik aufwarten wollte. Jedenfalls komponierte Pfleger sechs „Odae concertantes" für diesen Anlaß, die in der Festschrift zur Universitätsgründung gedruckt wurden (Abb. 34/35). Pfleger blieb bis 1675 in Gottorfer Diensten und komponierte vermutlich auch die Musik zu Balletten und Opern. Durch das zeitweilige Exil Herzog Christian Albrechts ergaben sich enge Verbindungen mit der neuen Kunstform der Oper, die in Hamburg besonders gepflegt wurde. Sie setzte die halb historisch-mythologischen, halb allegorischen Themen in Gesang um, die Ovens in seinen Bildern darstellte. So schrieb der Gottorfer Hofkapellmeister Johann Philipp Förtsch (1652–1732) für die Hamburger Oper ein Stück mit dem Titel „Die betrübte und erfreuete Cimbria", mit dem die Rückkehr Christian Albrechts aus dem Hamburger Exil gefeiert wurde.

Vor der Oper aber gab es noch eine andere Kunstgattung, die für das höfische Leben und seinen Bedarf an Repräsentation besonders bezeichnend ist: das Hofballett. Es war ein barockes Gesamtkunstwerk, eine Mischung aus Instrumentalmusik, Gesang, (schreitendem) Tanz und Pantomime, das – im Unterschied zur Oper – nicht von professionellen Künstlern ausgeführt wurde, sondern von der höfischen Gesellschaft selbst. Es hatte keine Handlung, sondern stellte Themen aus der zeitgenössischen Tugendlehre dar. So gab es aus Anlaß des Endes des Dreißigjährigen Krieges auf Schloß Gottorf ein Ballett, in dem – wie es im gedruckten Programm heißt – „Glück und Unglück, Laster und Tugend, Krieg und Friede" samt ihren Früchten abge-

Abb. 33 Stammbaum der Königin Hedwig Eleonora von Schweden. 63 Miniaturen von Erik Utterhielm, um 1700. Schloß Gripsholm. – Hedwig Eleonora war eine Tochter Herzog Friedrichs III. von Gottorf. Daher sieht man links außen die Porträts der Gottorfer Herzöge.

(Lit. K.)

Mächtiger FRIDERICH außbund der Helden/
Dessen Ruhm ewig die Fama wird melden/
Sehet von fernen/ wo bey den Sternen/
Eure hochselige Seele nun wohnt/
Wo der Astreen, Schwert ist zu sehen/
Daß einem jeden nach rechten belohnt.

Sehet o glücklicher Hertzog von oben/
Was an euch billich war jemals zu loben/
Jetzt an den Reben/ den uns gegeben/
Eures Geblütes Hochfürstlicher Stamm/
Sehet im schwange/ was so gar lange/
Euch in Gedancken und vornehmen kam.

Aller der Römer und Griechen Camœnen/
Aller Welt Sprachen und Künste Sirenen
Lassen sich schauen/ eilen zu bauen/
Recht ein beständiges ewiges Hauß/
Wo sonst Dione, sambt ihrem Sohne/
Siehet zum Fenstern und Dächeren aus.

Kleinot der Fürsten diß trefflich beginnen/
Würd euch unstärblichen Nahmen gewinnen/
Sitten und Leben/ rühmlich erheben/
Alle Welt wünscht und verlanget alhier/
Daß alle Zeiten/ Ewig außbreiten/ (Zier.
CHRISTIAN ALBRECHTS Hochpreißliche

Cant. sol.
Mächtiger Friderich außbund der Helden/ des sen Ruhm ewig die fa ma wird mel den
se het von fernen wo bey dẽ sternẽ Eure hochseli ge See le nun wohnt/ wo d'Astreen schwert ist zu se hen/
daß einem jeden nach rechten belohnt.
Viola da Gamba sol.

bildet wurde, und 1650 bei der Hochzeit einer Tochter Herzog Friedrichs III. inszenierte man am Schluß ein großes Ballett „Von Unbeständigkeit der weltlichen Dinge und von Herrlichkeit und Lobe der Tugend." An dessen Ende traten alle Tänzer mit Früchten auf, die zusammen das Füllhorn des Glücks symbolisieren sollten. Aus der gedruckten Besetzungsliste geht hervor, daß dies ein Schauspiel war, in dem die höfische Gesellschaft sich selbst darstellte und feierte. Unter den männlichen Tänzern erscheinen so an erster Stelle „Ihr[o] F[ürstliche] G[naden] der Herr Landgraff von Hessen als Bräutigam" und an zweiter „Hertzog Friederich von Schleßw[ig-]Holstein"; letzterer trägt zum Füllhorn bezeichnenderweise nicht eine Frucht bei, sondern den Lorbeer, das Sinnbild von Ruhm und Dauer.

Solche Ballettaufführungen mußte man verstehen; man mußte sie gleichsam lesen können wie ein allegorisches Gemälde. Deshalb wurden anläßlich der Aufführungen zumeist Programme gedruckt, die oft die einzelnen allegorischen und emblematischen Auftritte in Gedichtform deuteten und auch die Texte der eingestreuten Lieder enthielten. Hier hatte also auch die Dichtung ihre repräsentative Funktion. Das ungewöhnlich aufwendige Programm zum Ballett bei der Fürstenhochzeit 1650 war von Adam Olearius verfaßt, dem Hofgelehrten, der hier mit dem Tanzmeister zusammenarbeitete. Olearius dürfte auch die Auswahl der allegorischen und emblematischen Motive getroffen haben, die dargestellt und im Programm zum Teil in Kupferstichen wiedergegeben wurden. Gedruckt wurde dieses Programm in der Schleswiger Hofbuchdruckerei.

In den ersten Jahrzehnten, in denen Schleswig durch die Landesteilung von 1544 zur fürstlichen Residenz geworden war, kamen die Gottorfer Herzöge offenbar zunächst noch ganz gut mit den Schreibern ihrer Kanzlei aus, wenn sie ihre Untertanen mit Verordnungen erreichen wollten. Erst seit 1581 ist nämlich ständig ein Drucker in Schleswig nachweisbar. In der kleinen Stadt gab es aber, trotz der Aufträge des Hofes, keinen Markt, der einen Drucker hätte reizen können, sich auf Dauer dort niederzulassen. Deshalb mußte der Herzog selbst nachhelfen und die Investitionen für eine Druckerei tragen, um dann den Betrieb verpachten zu können, weshalb die Schles-

Auf den beiden vorherigen Seiten:
Abb. 34/35 Text und eine der Notenseiten der letzten der „Odae concertantes" von Augustin Pfleger zur Feier der Einweihung der Universität Kiel, 1665. Aus Alexander Julius Torquatus a Frangipani: Christiano-Albertinae Inauguratio, 1666. Schleswig-Holsteinische Landesbibliothek. – In drei lateinischen und drei deutschen Gesängen wurde den beiden Kaisern und den beiden Gottorfer Herzögen gehuldigt, die an der Gründung der Universität beteiligt waren.

CONCERTO.

Ich vergesse was dahinden ist/ꝛc.

à 9.

4 Strom. 2 Bracc. & 2 Viole da Gamb.
5 Voc. 2 Cant. Alt. Ten. Baß.

Bey höchstansehnlicher Beysetzung
Der HochEdlen/GroßEhr- und HöchTugendreichen
Frauen HoffRäthin

Fr. Maria Elisabeth
Wiederstettin.

Durch Ihre Regierende HochFürstl. Durchl. Hertzogs zu
Schleßwig Holstein HoffMusicos abgesungen/
und auffgesetzet
Von
Johan Philipp Förtschen/ Medicinæ Licentiato,
HochFürstl. Hoff-Medico und CapellMeistern.

Schleßwig gedruckt durch Johan Holwein/
Anno 1682.

Abb. 36 Titelblatt zu einer Gelegenheitskomposition des Gottorfer Hofkapellmeisters Johann Philipp Förtsch. Schleswig-Holsteinische Landesbibliothek

wiger Druckerei zumeist als „Fürstliche Druckerei" firmierte. Ihren Standort hatte sie seit 1615 im Kreuzgang des Doms. Die Druckaufträge kamen außer vom Hof weitgehend aus Orten, die zum Gottorfer Herrschaftsbereich gehörten, außer aus Schleswig also vor allem aus Husum und Tondern, während die Städte des Königlichen Anteils wie Rendsburg vornehmlich in Glückstadt drucken ließen, seitdem es dort eine Druckerei gab.

Die wichtigste Aufgabe von Druckereien, die in Residenzen eingerichtet wurden, war der Druck der obrigkeitlichen Verordnungen, die dann von der fürstlichen Kanzlei an die untergeordneten Instanzen versandt wurden. Ihre wichtigsten Adressaten waren die Pastoren, die die Mandate von der Kanzel verlasen und an der Kirchentür oder einer anderen geeigneten Stelle anschlagen ließen, denn anders waren die betroffenen Untertanen nicht zu erreichen, zumal sie vielfach noch nicht lesen konnten. Das erste erhaltene Mandat aus der Schleswiger Druckerei stammt aus dem Jahre 1597.

Ein weiterer Auftrag, den die Schleswiger Druckerei zu erledigen hatte, war der Druck von Rechtsquellen. Im Prozeß der Herausbildung moderner Staatlichkeit spielte das geschriebene Recht eine zunehmende Rolle, und man ging daher in Gottorf genau wie andernorts im späten 16. und im 17. Jahrhundert daran, die Rechte der einzelnen Städte und Landschaften nicht nur zu kodifizieren oder zu revidieren, sondern auch im Druck zu veröffentlichen. So erschien 1591 in Schleswig das neue Eiderstedter Landrecht, 1593/94 und nochmals 1603 (Abb. 37) die niederdeutsche Übersetzung des „Jütischen Rechts" (Jyske Lov), die der Flensburger Stadtsekretär Blasius Ekenberger angefertigt und mit Worterläuterungen altertümlicher Rechtsbegriffe sowie einer Konkordanz einschlägiger Bestimmungen in der späteren Gesetzgebung versehen hatte, denn dieses mittelalterliche Landschaftsrecht galt auch für das Herzogtum Schleswig. 1601 erfolgte ein neuer Druck der Schleswig-Holsteinischen Kirchenordnung von 1542, die man damals noch in Magdeburg hatte drucken lassen müssen.

Die Einrichtung einer Druckerei in der unmittelbaren Nähe des Hofes hatte also zunächst einmal einen konkreten praktischen Zweck. Aber darüber hinaus wurde sie auch für die Repräsentation in den Dienst genommen, eben für die Veröffentlichung von Ballettprogrammen und Gelegenheitsgedichten, die bei Hochzeiten und Trauerfeiern den konkreten Fall auf die als ewig gültig verstandene göttliche Ordnung hin auslegten. Dazu kamen andere Repräsentationswerke wie der ausführliche, im Querquartformat gedruckte und mit zahlreichen aneinandergeklebten Kupferstichen versehene Bericht über die Beisetzung Herzog Friedrichs III. im Schleswiger Dom 1661 oder diejenigen Teile der Festschrift zur Gründung der Kieler Universität, denen die neu eingerichtete Universitätsbuchdruckerei noch nicht gewachsen war, also vor allem die Noten von Augustin Pflegers Festmusiken (Abb. 35) und die Kupferstiche. In Schleswig war die Druckerei darüber hin-

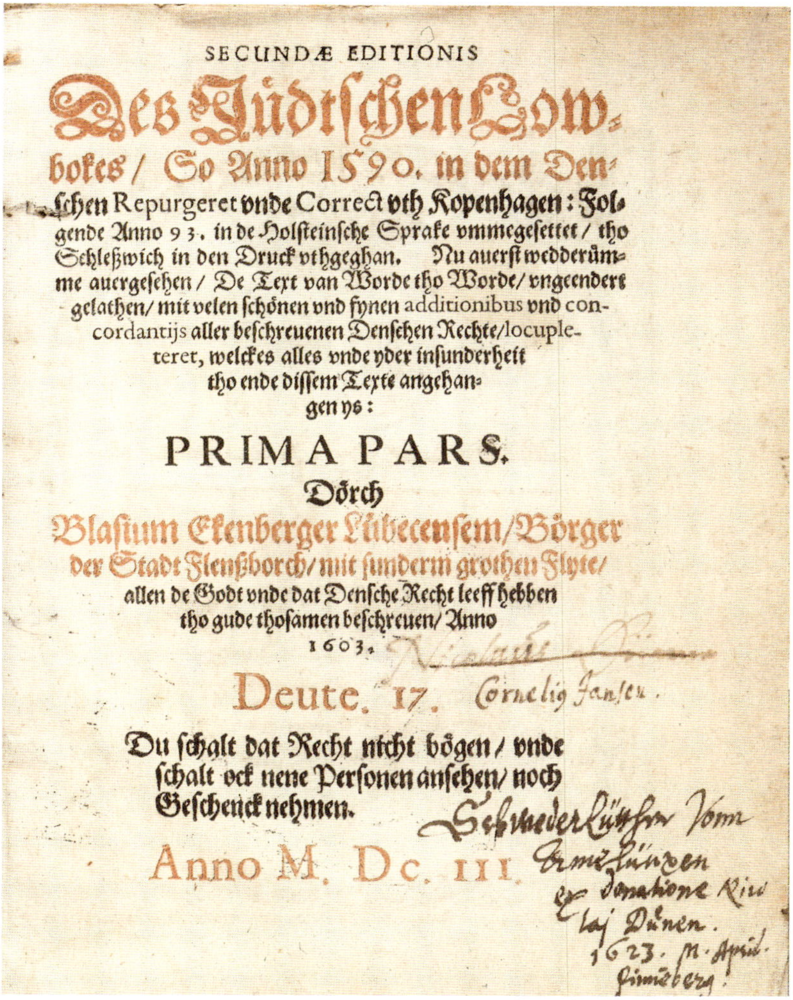
SECUNDÆ EDITIONIS

Des Jüdtschen Low-
bokes/ So Anno 1590. in dem Den-
schen Repurgeret vnde Correct vth Kopenhagen: Fol-
gende Anno 93. in de Holsteinsche Sprake vmmegesettet/ tho
Schleßwich in den Druck vthgeghan. Nu auerst wedderüm-
me auergesehen/ De Text van Worde tho Worde/ vngeendert
gelathen/ mit velen schönen vnd fynen additionibus vnd con-
cordantijs aller beschreuenen Denschen Rechte/locuple-
teret, welckes alles vnde yder insunderheit
tho ende dissem Texte angehan-
gen ys:

PRIMA PARS.

Dörch
Blasium Ekenberger Lübecensem/Börger
der Stadt Flenßborch/ mit sunderm grothen Flyte/
allen de Godt vnde dat Densche Recht leeff hebben
tho gude thosamen beschreuen/ Anno
1603.

Deute. 17.

Du schalt dat Recht nicht bögen/ vnde
schalt ock nene Personen ansehen/ noch
Geschenck nehmen.

Anno M. Dc. III.

Abb. 37 Die zweite Auflage der niederdeutsche Ausgabe des „Jütischen Rechts" durch den Flensburger Stadtsekretär Blasius Ekenberger, 1603 in Schleswig gedruckt. Schleswig-Holsteinische Landesbibliothek.

aus auch die Voraussetzung dafür, daß ein Mann wie Adam Olearius auf Schloß Gottorf seine Wirksamkeit als Hofgelehrter entfalten konnte.

Adam Olearius (1599–1671, Abb. 38) war in Aschersleben in Sachsen-Anhalt geboren, stammte aus kleinen Verhältnissen und hatte deshalb Theologie studiert, wohl weniger aus Neigung als aus Einsicht in die Notwendigkeit. Er erwarb in Leipzig den Magistergrad und lehrte seit 1632 an der Philosophischen Fakultät. Er muß im literarischen Milieu Leipzigs eine gewisse Rolle gespielt haben; er war Freund und Förderer des Lyrikers Paul Fleming (1609–1640), schrieb aber auch selbst Gedichte im modernen Stil des Frühbarock. 1633 bekam Olearius die Chance seines Lebens: Herzog Friedrich III. von Schleswig-Holstein-Gottorf gab ihm eine Anstellung als Sekretär seiner Gesandtschaft nach Moskau und Isfahan und erteilte ihm den Auftrag, nicht nur den diplomatischen Schriftwechsel zu erledigen, sondern auch, „was etwa denckwürdig / so wohl in Geographicis als Historicis ... vorfallen mochte / zu observiren" und davon nach der Reise „relation zu thun". Olearius sorgte dann dafür, daß auch Paul Fleming als Hofjunker bei der Gesandtschaft angestellt wurde. Nach der Rückkehr erhielt Olearius eine feste Anstellung am Gottorfer Hof, zunächst mit dem Titel eines Hofmathematicus; später hieß er dann Bibliothecarius und Antiquarius. Er blieb bis zu seinem Tod in diesem Amt, also über 30 Jahre.

An Herzog Friedrich III., der etwa in seinem Alter war, hatte Olearius offenbar einen aufgeschlossenen Gesprächspartner für den wissenschaftlichen Gedankenaustausch und zugleich einen persönlichen Gönner; als der Herzog 1659 starb, rühmte Olearius ihm nach, er habe „gute Künste und Wissenschaften in andern / und andere wegen derselben" geliebt. Unter Herzog Christian Albrecht hatte Olearius es anscheinend weniger gut, was aber auch an den politischen und wirtschaftlichen Bedingungen gelegen haben mag. Die Zeit der großen Feste auf Schloß Gottorf und der großen wissenschaftlichen Unternehmungen war jedenfalls vorbei. Olearius war daher im letzten Jahrzehnt seines Lebens vor allem mit Buchveröffentlichungen beschäftigt. Das bedeutete aber keineswegs eine Rückkehr zu seinen akademischen Anfängen; er blieb vielmehr auch jetzt Hofgelehrter.

Olearius hatte das Glück gehabt, nach der Rückkehr aus Persien eine Stellung angeboten zu bekommen, wie sie für Gelehrte außerhalb der Universitäten wohl nur selten zu finden waren. Sie war gut dotiert und erlaubte ihm, mit durchreisenden Gelehrten von internationalem Ruf auf gleichem Fuß zu verkehren. Die Kehrseite dieser Stellung war aber vermutlich das geringere Maß an Selbstbestimmung in der wissenschaftlichen Arbeit. Es gibt zwar keine Dokumente, die erkennen lassen, daß Olearius selbst seine Situation in dieser Weise empfunden hat, aber es ist doch nicht zu verkennen, daß sein gedrucktes Gesamtwerk weniger homogen wirkt als das seiner Zeitgenossen auf den Lehrstühlen. Offensichtlich kamen die Anforderungen in

Abb. 38 Adam Olearius (1599–1671). Gemälde von Heinrich Dittmers. Nationalhistorisches Museum Frederiksborg. – Der aus Hamburg stammende Maler dürfte den Gottorfer Hofgelehrten porträtiert haben, kurz bevor er 1665 als Hofmaler nach Kopenhagen ging.

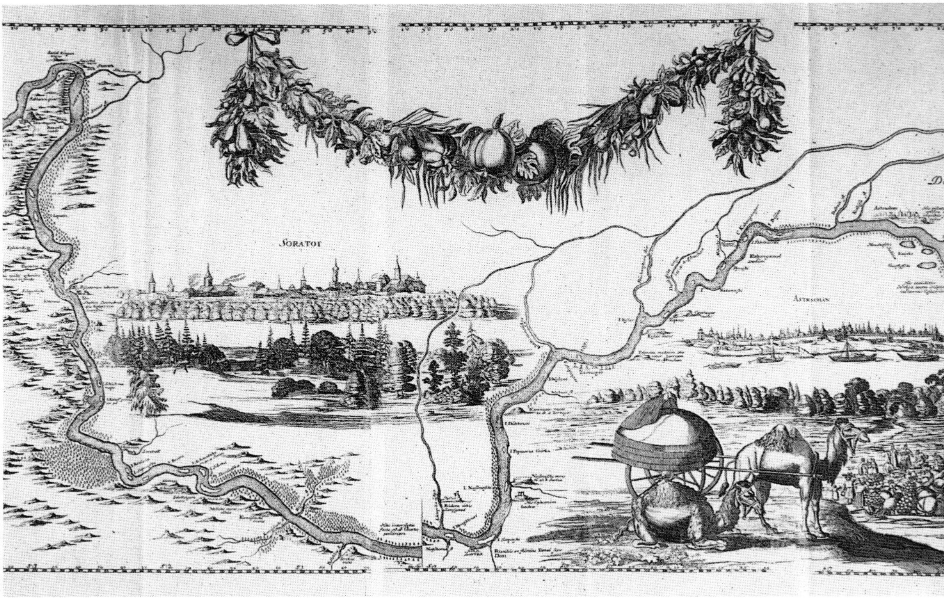

Abb. 39 Der Unterlauf der Wolga mit Ansichten der Städte Saratow und Astrachan. Ausschnitt aus der von Christian Rothgießer gestochenen Wolgakarte, die Olearius der zweiten Ausgabe seiner Reisebeschreibung (1656) beigab. Die Karte beruht auf Messungen, die Olearius vornahm, soweit die Gesandtschaft den Fluß befuhr. Ein Netz der Längen- und Breitengrade fehlt jedoch.

Abb. 40 Titelblatt der ersten Ausgabe der Reisebeschreibung von Adam Olearius, Schleswig 1647. Schleswig-Holsteinische Landesbibliothek. - Der Band ist auch ein Beleg für die Leistungsfähigkeit der Schleswiger Druckerei: sie verfügte unter anderem über arabische Lettern, die man für Olearius aus den Niederlanden kommen ließ. Der Vogel, der aus den Schriftzügen eines Segenswunsches, der Basmalah, zusammengesetzt ist, war jedoch zweifellos eine Sonderanfertigung.

Offt begehrte Beschreibung Der Newen ORIENTALischen REISE/

So durch Gelegenheit einer Holsteinischen Legation an den König in Persien geschehen.

Worinnen

Derer Orter vnd Länder/ durch welche die Reise gangen/ als fürnemblich Rußland/ Tartarien vnd Persien/ sampt jhrer Einwohner Natur/ Leben vnd Wesen fleissig beschrieben/ vnd mit vielen Kupfferstücken/ so nach dem Leben gestellet/ gezieret.

Item

Ein Schreiben des WolEdeln ꝛc. Johan Albrecht Von Mandelslo/ worinnen dessen OstIndianische Reise über den Oceanum enthalten. Zusampt eines kurtzen Berichts von jetzigem Zustand des eussersten Orientalischen KönigReiches Tzina.

Durch

M. ADAMUM OLEARIUM, Ascanium Saxonem, Fürstl: Schleßwig-Holsteinischen Hoff-mathemat.

Avis Persarum votiva

Composita ex lit: Bis milla:

Mit Röm. Käys. Maj. vnd Churfl. Durchl. zu Sachsen privilegijs auff 10 Jahr bey Verlust Tausend Thlr. nicht nachzudrucken.

Schleßwig/ Bey Jacob zur Glocken. Im Jahr 1647.

Rantzau

nicht geringem Maße von außen. Ein Neudruck der Lutherbibel mit „groben Lettern“ 1664, der Olearius als Herausgeber und Verleger eine Menge Geld gekostet hat, ging anscheinend auf einen Wunsch der Herzoginwitwe Maria Elisabeth zurück, die im Alter normalen Druck nicht mehr lesen konnte und deshalb auch für das Gesangbuch ihres Witwensitzes Husum das für diese Buchgattung gänzlich ungewöhnliche Quartformat wählte. Auch das „Schleswig-Holsteinische Kirchenbuch“, die Agende mit den Evangelien- und Episteltexten aller Sonntage des Kirchenjahres, Gesangbuch und Katechismus, die Olearius 1665 drucken ließ, war zweifellos eine Auftragsarbeit der Landeskirche. Was seinem Werk die innere Einheit gab, war vermutlich dessen Gebrauchswert für die ihn umgebende Gesellschaft.

Olearius betrieb denn auch am Gottorfer Hof eine andere Art von Wissenschaft als zuvor auf der Universität. In Leipzig hatte er mit Arbeiten begonnen, die theoretischen Fragen galten, einen systematischen Anspruch stellten und nicht zuletzt der formalen Schulung dienten. Inhaltlich waren sie stark durch Dogmen und Traditionen gebunden; es ging nicht um die Entdeckung von etwas Neuem, sondern um die Festigung des Überlieferten. Diese Art von Wissenschaft war die formale Voraussetzung dafür, daß Olearius Hofgelehrter *werden* konnte, aber um diese Stellung auszufüllen, konnte er davon wohl nur wenig unmittelbar gebrauchen. Besser kam ihm dabei zustatten, was er in seiner Universitätszeit außerhalb des Fachstudiums betrieben hatte, nämlich Poesie und vor allem Astronomie. Diese war für Olearius ursprünglich nur ein Gegenstand des privaten Interesse gewesen. Sie wurde dann eine der Voraussetzungen für seine Anstellung als Gesandtschaftsskretär, denn auf dieser Stelle brauchte man jemanden, der mit den Verfahren der astronomischen Ortsbestimmung vertraut war. Auf Schloß Gottorf wurde dann für ihn eigens das Amt eines Hofmathematicus geschaffen, solange die Bibliothekarsstelle noch besetzt war. In diesem Amt machte er die Berechnungen für den schon erwähnten Gottorfer Globus, der dann seit 1654 von dem Büchsenmacher Andreas Bösch ausgeführt wurde. Außerdem überwachte er auch die von Bösch selbst berechnete und 1653 ausgeführte Sphaera Copernicana, ein Modell des kopernikanischen Weltbildes (Abb. 41). Felix Lühning hat dieses sehr zutreffend als ein Sammlungsstück gekennzeichnet, das nicht praktischen Zwecken diente, sondern die gesamte Welt auf einen Blick durchschaubar machen sollte und das zugleich den Stolz darüber verriet, den Himmelsmechanismus, den man erst in den vergangenen Jahrzehnten erkannt und berechnet hatte, in einer sinnreichen Mechanik nachbilden zu können. Das galt entsprechend auch für den

Abb. 41 Die Sphaera Copernicana, ein Modell des kopernikanisches Weltbildes. Nationalhistorisches Museum Frederiksborg.

Abb. 42 Das Wappen des Fürstbischofs von Lübeck, Herzog Hans von Schleswig-Holstein-Gottorf (1606–1655) auf der Platte der astronomischen Uhr (Abb. 43). Der Zeiger in der Mitte stellt die Sonne dar. Der Globus bewegt sich im Laufe eines Jahres um ihn herum und dreht sich zugleich im Laufe eines Tages um sich selbst

Abb. 43 Astronomische Uhr, 1651, wahrscheinlich ein Werk des Lübecker Uhrmachers Nikolaus Siebenhaar. Nationalhistorisches Museum Frederiksborg. – Sie ist für Fürstbischof Hans von Lübeck konstruiert worden (vgl. Abb. 42) und über die Gottorfer Uhrensammlung nach Dänemark gelangt.

Globus. Beide Stücke waren im 17. Jahrhundert Sehenswürdigkeiten, um die man Gottorf beneidete. Sie standen dort zudem nicht isoliert, sondern waren nur die spektakulärsten Belege für ein lebhaftes Interesse an Gegenständen der modernen Naturwissenschaft und Technik. Es gab im Schloß z. B. eine beachtliche Uhrensammlung (Abb. 42/43), ein eigenes optisches Kabinett und allerhand astronomische Instrumente, für die Olearius zum Teil selbst die Linsen schliff. Alles das war angewandte Mathematik, zu der im übrigen wohl auch noch die Astrologie gehörte.

Im Jahre 1649 erhielt Olearius die Stelle des Hofbibliothekars. Das besagte aber wenig über den Umfang der Aufgaben, die er fortan erfüllte. Anscheinend unterstanden ihm die gesamten Sammlungen des Gottorfer Hofes mit Ausnahme der Rüstkammer, also die Bibliothek, die Münzsammlung und die Kunstkammer, wobei die Kunstkammer ihrerseits wieder Bilder, Kunsthandwerkliches, Naturalien, völkerkundliche Objekte und wissenschaftliche Instrumente umfaßte.

Am bedeutendsten von den Gottorfer Sammlungen waren die Bibliothek und die Kunstkammer. Die Bibliothek war schon 1606 aus dem Privatbereich des Herzogs herausgelöst und zu einer eigenen Institution des Hofes erhoben worden. Sie wurde schon bald nach ihrer Gründung kräftig vermehrt, da Johann von Wowern (1574/75–1612), der Kammerrat Herzog Johann Adolfs, diesem testamentarisch seine stark vom Humanismus geprägte Büchersammlung vermachte. Außerdem übernahm die Gottorfer Bibliothek ganz oder teilweise die Buchbestände der Klöster Cismar und Bordesholm, da diese nach der Reformation aufgehoben worden und in herzoglichen Besitz übergegangen waren. Daher enthielt sie viele mittelalterliche Handschriften und Frühdrucke, doch wurden diese überwiegend theologischen Bestände durch Ankäufe aus anderen Sachgebieten ergänzt, so daß auch eine bemerkenswerte Sammlung von Handschriften von Werken griechischer und römischer Autoren zusammenkam; einige von ihnen waren um 900 geschrieben worden. Neu erscheinende Bücher aus ganz Nord- und Westeuropa kamen – in kleiner Zahl, aber in vielfach kostbarer Ausstattung – durch Schenkungen der Autoren, Herausgeber oder Verleger nach Gottorf oder wurden – in großer Zahl – vor allem über Buchhändler in Hamburg und Amsterdam bezogen. Da diese in der Regel ungebunden erworben wurden, schlossen sich hier Aufträge für die Schleswiger Buchbinder an. Gerade die wertvolleren unter den Neuerwerbungen des 17. Jahrhunderts lassen sich besonders gut identifizieren, da sie einen braunen Ledereinband erhielten, in den das vergoldete herzogliche Wappen eingeprägt wurde (Abb. 46). Olearius, der über zwei Jahrzehnte für die Pflege und Vermehrung des Bestandes verantwortlich war, legte auch einen Katalog an, von dem jedoch keine Spur mehr nachweisbar ist. Im 17. Jahrhundert war die Gottorfer Bibliothek eine der bedeutendsten in Nordeuropa; die Gelehrten rühmten Friedrich III. und

Abb. 44 Aus der Gottorfer Bibliothek: ein Blatt aus dem „Gottorfer Codex“ (um 1653) des Hamburger Blumenmalers Hans Simon Holtzbecker, der 1180 Abbildungen von Pflanzen aus den Gottorfer Gärten enthält, hier die damals noch exotischen Tomaten. Kupferstichsammlung Kopenhagen

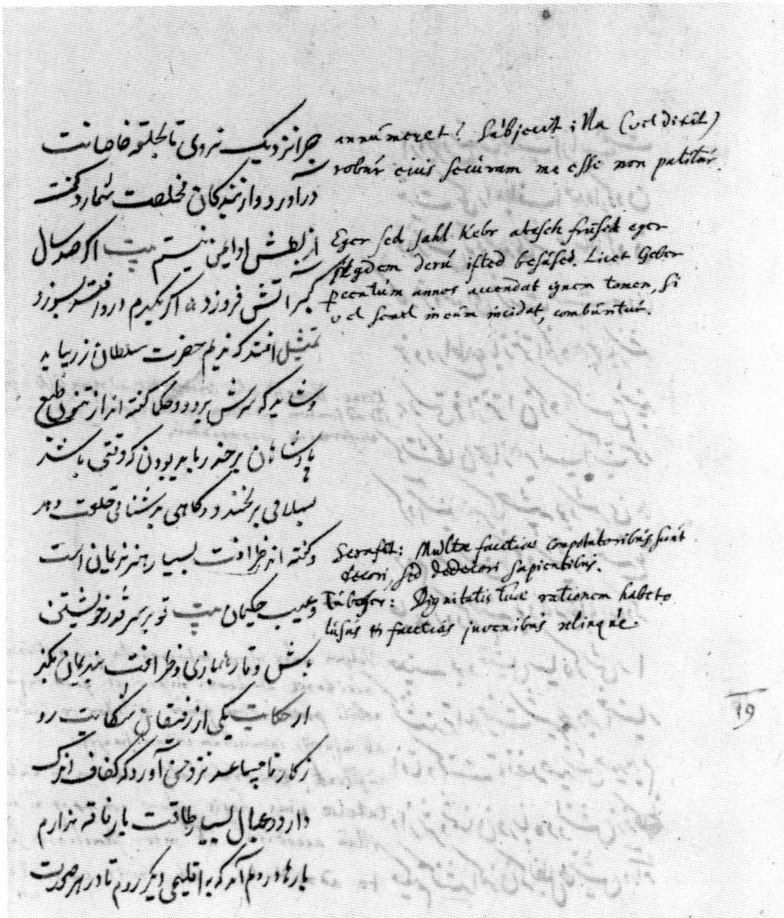

Abb. 45 Eine Seite aus der Handschrift des „Gulistan“ von Saadi mit lateinischen Notizen von Olearius. Königliche Bibliothek Kopenhagen, Cod. pers. LXXXIV. – Olearius benutzt diese Handschrift, die er in Persien geschenkt bekam, für seine Übersetzung des Werks (Abb. 50).

Abb. 46 Goldgeprägtes Wappen Herzog Friedrichs III. auf dem Ledereinband eines Buches aus der Gottorfer Bibliothek, heute in der Universitätsbibliothek Kiel.

Abb. 47 Javanische Schattenspielfigur, einen Prinzen darstellend, aus durchbrochenem Leder. Aus der Gottorfer Kunstkammer. Nationalmuseum Kopenhagen. – Die Figur, wohl eine der ältesten erhaltenen ihrer Art, ist ein bezeichnendes Beispiel für die Schwierigkeiten, die man in Europa in der Frühen Neuzeit hatte, die Eindrücke und Sammlungsgegenstände aus fremden Ländern zu ordnen und zu verstehen. Olearius sah in ihr eine Darstellung des Vitzliputzli (wie der aztekische Kriegsgott Huitzilpochtli in Deutschland genannt wurde), und im 18. Jahrhundert hielt man sie für einen afrikanischen Fetisch.

Olearius wegen der Großzügigkeit, mit der sie ihnen Zugang zu Büchern und Handschriften gewährten.

Die Naturaliensammlung, die Olearius selbst zum Teil in einer eigenen Veröffentlichung beschrieben hat, wurde im wesentlichen in den 1650er Jahren aufgebaut. Ihren Grundstock bildete die Sammlung des niederländischen Arztes Bernhardus Paludanus (1550–1633) in Enkhuizen, die im frühen 17. Jahrhundert eine der Sehenswürdigkeiten Hollands gewesen war; Friedrich III. hatte sie 1651 erworben und durch Olearius nach Gottorf holen lassen. Auch sie wurde ständig erweitert. In ihr gab es alles, was einen Gelehrten oder einen wißbegierigen Reisenden interessieren konnte: Muscheln, Korallen, ausgestopfte Tiere, Skelette, exotische Früchte und natürlich auch ein Stück „vom echten Einhorn", daneben völkerkundliche Objekte wie ein Grönländer-Kajak, eine javanische Schattenspielfigur (Abb. 47) und den ältesten heute noch erhaltenen Indianer-Tomahawk. Die völkerkundlichen Sammlungsgegenstände der Gottorfer Kunstkammer gingen zum Teil auf die Gesandtschaft nach Rußland und Persien zurück und standen in engem sachlichen Zusammenhang mit einer anderen Glanzleistung der Gottorfer Hofkultur: der „Moscowitischen und Persianischen Reisebeschreibung", die Olearius 1649 in einer ersten Fassung (Abb. 40) und 1656 in umgearbeiteter Gestalt (Abb. 19) mit zahlreichen Kupferstichen in Schleswig veröffentlichte. Sie ist eines der hervorragendsten Beispiele deutscher Sachprosa des 17. Jahrhunderts, bis heute ein Standardwerk für die Kenntnis des alten Rußland vor der Zeit Peters des Großen und ein bezeichnendes Dokument des Zeitalters der Entdeckungen. Sie wurde ins Englische, Französische und Niederländische übersetzt – was ihren internationalen Rang

Auf den beiden nächsten Seiten:
Abb. 48/49 Die Darstellung eines Betsteins aus Persien in der Reisebeschreibung von Olearius und deren Vorlage aus der Gottorfer Kunstkammer (heute im Nationalmuseum Kopenhagen). Den Stein (Durchmesser 9 cm) aus gebranntem Ton, der aus der Nähe der Gräber von Hassan und Hossein, den wichtigsten Heiligen der Schiiten, im Irak stammt, berührt der Gläubige beim Gebet mit der Stirn. Er trägt um die Inschrift in der Mitte, „Gelobt und gepriesen sei der Höchste", im Kreis die Namen der zwölf Imame der Schiiten.

Abb. 50 Persianischer Rosenthal. Kupfertitel von Olearius' Übersetzung des „Gulistan" von Saadi (vgl. Abb. 45), Schleswig 1654. Schleswig-Holsteinisches Landesmuseum. – Das Buch war die erste vollständige Übersetzung eines Werks der persischen Literatur in eine der europäischen Sprachen.

Persianischer
Rosenthal
SCHICH SAADI
Durch
Adam Olearius
In teütscher Sprache
über=gesetzet.

dokumentiert, denn das widerfuhr damals nicht vielen deutschen Büchern. Ähnlich aufgenommen wurden auch zwei andere Werke, die Olearius später noch herausbrachte: die „Morgenländische Reisebeschreibung" (1658) des früh verstorbenen Johann Albrecht von Mandesloh (1616–1644), der mit der Gottorfer Gesandtschaft nach Isfahan gereist, dann aber nach Indien weitergezogen war, und die „Orientalischen Reisebeschreibungen" von Jürgen Andersen (um 1620–1679) und Volquart Iversen, zwei Gottorfer Landeskindern aus Tondern bzw. aus Husum, die im Dienste der Holländisch-Ostindischen Kompanie nach Südostasien und China gelangt waren und diese exotische Welt ganz ohne Vorbereitung und Vorbelastung durch gelehrte Kenntnisse schilderten.

Ein weiteres Nebenprodukt dieser Bemühungen des Gottorfer Hofes um das Kennenlernen fremder Völker und Kulturen war das 1654 in Schleswig gedruckte „Persianische Rosenthal" (Abb. 50). Es war eines der klassischen Werke der persischen Nationalliteratur, der „Gulistan" des Saadi aus dem Jahre 1258, der durch seine Lehrhaftigkeit auch dem Geschmack des 17. Jahrhunderts noch entgegenkam. Olearius hatte eine Handschrift dieses Werkes (Abb. 45) von einem Mullah in Persien geschenkt bekommen, mit dem er sich angefreundet hatte, und hatte es mit Hilfe eines Persers übersetzt, der mit dem Gesandten des Schah 1639 nach Gottorf gekommen und dann dort geblieben war.

Zu erwähnen ist in diesem Zusammenhang auch die 1652 in Schleswig gedruckte „Neue Landesbeschreibung der zwei Herzogtümer Schleswig und Holstein" des Husumer Arztes und Bürgermeisters Caspar Danckwerth (um 1605–1672) mit den berühmten Karten des ebenfalls in Husum tätigen Johannes Mejer (1606–1674). Sie ging auf einen Auftrag zur kartographischen Erfassung der Herzogtümer zurück, den König Christian IV. und Herzog Friedrich III. gemeinsam Mejer erteilt hatten. Auch sie war ein Dokument des neuen Interesses an der Kenntnis der Welt und ihrer Gestalt. Kein europäisches Land war damals so detailliert erfaßt wie Schleswig und Holstein.

Der besondere historische Wert aller dieser im Umkreis des Gottorfer Hofes entstandenen Werke ist auch darin zu sehen, daß sie den wissenschaftlichen Ansprüchen ihrer Zeit vollauf genügten, aber trotzdem nicht lateinisch geschrieben waren, sondern deutsch, also in der Sprache der Hof- und Weltleute. Sie waren Zeugnisse für das neue Verhältnis der Menschen

Abb. 51 Titelkupfer von August John zur Festschrift anläßlich der Gründung der Universität Kiel. Herzog Christian Albrecht ist als Friedensfürst im Kreis der Musen dargestellt, der Apollo, dem Anführer der Musen, einen eisernen Halsring abgenommen hat und ihm die Friedenspalme reicht.

Cum Deo et Cæsare
CHRISTIANO-ALBERTINÆ
INAVGVRATIO

Abb. 52 Kassette für die Gründungsurkunde der Universität Kiel. Landesarchiv Schleswig-Holstein – Auf dem Deckel sind die Insignien der Universität dargestellt: Rektormantel, Zepter, die Siegelbilder der vier Fakultäten und in der Mitte das große Universitätssiegel mit der Gestalt des Friedens mit Palme und Füllhorn, daneben der Wahlspruch „Pax optima rerum" (Der Friede ist das beste aller Dinge).

zur Außenwelt, das sich im Zeitalter der Entdeckungen entwickelte. Die Welt war nun nicht mehr etwas, das den Menschen von seinem Seelenheil ablenkte und zu sündigem Verhalten verführte, sondern hatte sich in einen „Lustgarten" verwandelt, in den Gott den Menschen versetzt hatte, damit er sich betrachtend und lernend darin vergnüge. Das daraus erwachsende Gefühl, in dem sich Sehen, Staunen und Denken verbanden, bezeichneten

Olearius und seine Zeitgenossen als „Ergetzen“. Es verwies den denkenden Menschen auch im Barockzeitalter immer noch auf Gott und wurde gerade durch die Vielfalt, Fülle und – nicht zuletzt – Schönheit der Welt und der Natur ausgelöst. So wird auch einsehbar, warum sowohl das Gottorfer Naturalienkabinett als auch die Reisebeschreibungen ein besonderes Interesse am Exotischen und abnorm Wirkenden erkennen lassen: man nahm es als Beleg für die unendliche Schöpferkraft Gottes.

Die wissenschaftlichen Bemühungen Herzog Friedrichs III. und seiner Mitarbeiter waren so vielseitig, daß es nicht verwunderlich ist, daß man am Gottorfer Hof auch daran dachte, eine Universität zu gründen. Universitätsgründungen waren in der Frühen Neuzeit nicht selten, da viele Landesfürsten das Bedürfnis empfanden, auf ihrem eigenen Territorium eine solche Bildungsanstalt zu haben, die dazu diente, den Nachwuchs auszubilden, den Staat und Kirche brauchten. Es gibt aber wohl nicht allzu viele Fälle, in denen die Universitätsgründung so folgerichtig auf wissenschaftlichen Bestrebungen des Hofes aufbauen konnte wie in Schleswig-Holstein-Gottorf. Schon 1652 ließ sich Friedrich III. vom Kaiser ein Privileg zur Gründung einer Universität erteilen. Er konnte dann aber selbst keinen Gebrauch mehr davon machen, teils vermutlich, weil die Vorbereitungen noch nicht weit genug gediehen waren, teils weil am Ende seines Lebens der Krieg zwischen Dänemark und Schweden dazwischenkam. So wurde der Plan erst 1665 von seinem Sohn Christian Albrecht verwirklicht. Die neue Universität erhielt ihren Standort allerdings nicht in Schleswig, sondern in Kiel. Das erklärt sich aus der Tatsache, daß das kaiserliche Privileg nur für das Heilige Römische Reich deutscher Nation und also nur für das Herzogtum Holstein gelten konnte. Für das Herzogtum Schleswig hätte sich Friedrich III. mit seinem Namensvetter auf dem dänischen Thron ins Benehmen setzen müssen, und das wäre vermutlich schwieriger gewesen als die Verständigung mit dem Kaiser, weil eine Gottorfer Universität wohl als Konkurrenz zu Kopenhagen empfunden worden wäre. Mit einem kaiserlichen Privileg hatte sie zudem mehr Renommee als mit einem königlichen, denn auf diese Weise konnten die an ihr ausgebildeten Juristen am Reichskammergericht tätig werden. So kam die Universität also nach Kiel, obwohl sie der Sache nach sehr gut nach Schleswig gepaßt hätte, denn ihre Gründung war nun einmal der Gipfelpunkt aller wissenschaftlichen Bestrebungen der Gottorfer Kultur.

Epilog

Die Hauptresidenz der Gottorfer Herzöge wurde 1713 zusammen mit dem herzoglichen Anteil an Schleswig vom König von Dänemark mit Beschlag belegt und ihm am Ende des Großen Nordischen Krieges als sein Besitz zugesprochen. Den Gottorfer Globus schenkte er schon 1713 dem Zaren Peter dem Großen, der ihn sogleich nach St. Petersburg abtransportieren ließ. Das übrige bewegliche Inventar aber blieb zunächst im Schloß und wurde erst um die Mitte des 18. Jahrhunderts nach Kopenhagen geschafft. Schloß Gottorf wurde allmählich zur leeren Hülle, die nur noch als Verwaltungssitz und am Ende als Kaserne Verwendung fand.

Erst mit der Gründung des Schleswig-Holsteinischen Landesmuseums nach dem Zweiten Weltkrieg ist es wieder zu einer Stätte der Kultur geworden. Beim Aufbau dieses Museums bemühte dessen erster Leiter Ernst Schlee (1910–1994) sich, möglichst viele Zeugnisse des Gottorfer Hofes und seiner verschiedenen Sammlungen zusammenzutragen, und er erarbeitete dann die Ausstellung „Gottorfer Kultur im Jahrhundert der Universitätsgründung“, die 1965 zum 300. Jubiläum der Universität Kiel im eben neu errichteten Kieler Schloß stattfand. Der von Schlee redigierte Katalog, der zu dieser Ausstellung erschien, ist bislang die grundlegende Darstellung dieses Themenkomplexes. Daß man den Begriff ‚Gottorfer Kultur‘, der auch schon vorher in der landeskundlichen Literatur auftaucht, mit konkreter Vorstellung füllen kann, ist an allererster Stelle Ernst Schlee und der großen Ausstellung des Jahres 1965 zu verdanken. Was seitdem an Zeugnissen wiederentdeckt und an Wissen hinzugekommen ist, wird 1997 in einer neuen Ausstellung über den Gottorfer Hof, die diesmal im Schleswig-Holsteinischen Landesmuseum stattfindet, und in dem sie begleitenden Katalog gesammelt werden.

Abbildungsnachweis

Günter Pump, Nordhastedt: 15, 22, 23, Schutzumschlag. – Erwin Raeth, Kiel: 2. – Autor: 14, 18. – Kupferstichsammlung, Kopenhagen: 44. – Nationalhistorisches Museum auf Schloß Frederiksborg, Hillerød: 41. – Schleswig-Holsteinische Landesbibliothek, Kiel: 10, 13, 16, 34–37, 39, 40. – Stadtarchiv Friedrichstadt: 17. – Alle übrigen stellte Dr. Jan Drees freundlicherweise aus dem Archiv des Schleswig-Holsteinischen Landesmuseums, Schloß Gottorf, zur Verfügung. Die Besitzer der Objekte sind jeweils in den Bildunterschriften genannt.

Literaturhinweise

JbSHLM = Jahrbuch des Schleswig-Holsteinischen Landesmuseums Schloß Gottorf
QuFGSH = Quellen und Forschungen zur Geschichte Schleswig-Holsteins
ZSHG = Zeitschrift der Gesellschaft für Schleswig-Holsteinische Geschichte

Politische Geschichte

Andresen, Ludwig / Stephan, Walter: Beiträge zur Geschichte der Gottorfer Hof- und Staatsverwaltung von 1544–1659, Kiel 1928 (QuFGSH, Bd. 14/15)

Fuhrmann, Kai: Die Auseinandersetzung zwischen königlicher und gottorfischer Linie in den Herzogtümern Schleswig und Holstein in der zweiten Hälfte des 17. Jahrhunderts, Frankfurt a. M., Bern usw. 1990 (Kieler Werkstücke. R. A, Bd. 1)

Hansen, Reimer: Die Anfänge des frühmodernen Staates in Schleswig-Holstein-Gottorf, in: Aus Reichsgeschichte und Nordischer Geschichte (Festschrift Karl Jordan), Stuttgart 1972 (Kieler Historische Studien, Bd. 16), S. 302–320

Hoffmann, Gottfried Ernst / Reumann, Klauspeter / Kellenbenz, Hermann: Die Herzogtümer von der Landesteilung 1544 bis zur Wiedervereinigung Schleswigs 1721, Neumünster 1986 (Geschichte Schleswig-Holsteins, Bd. 5)

Hübner, Eckhard: Staatspolitik und Familieninteresse. Die gottorfische Frage in der russischen Außenpolitik 1741–1773, Neumünster 1984 (QuFGSH, Bd. 83)

Kellenbenz, Hermann: Holstein-Gottorff – eine Domäne Schwedens, Leipzig 1940

Lange, Ulrich: Die politischen Privilegien der schleswig-holsteinischen Stände 1588–1675. Veränderungen von Normen politischen Handelns, Neumünster 1980 (QuFGSH, Bd. 75)

–: Stände, Landesherr und große Politik – vom Konsens des 16. zu den Konflikten des 17. Jahrhunderts, in: Geschichte Schleswig-Holsteins, hrsg. v. Ulrich Lange, Neumünster 1996, S. 153–265

Polley, Rainer: Der gestürzte gottorfische Kammersekretär und Rat Johannes Kuhlmann und sein „Fürstenspiegel". Ein Beitrag zur Geschichte des persönlichen Fürstenregiments am Ende des 16. Jahrhunderts. Mit einer Beilage: Kuhlmanns „Fürstenspiegel", in: ZSHG 106 (1981), S. 55–87

Polley, Rainer: Gottorfische Verwaltungserfahrung auf dem Wege zum Absolutismus. Mit einer Beilage: Dr. Andreas Cramers „Politisches Bedenken" von 1660, in: ZSHG 108 (1983), S. 101–139

Wirtschaftsgeschichte

Dollinger, Robert: Geschichte der Mennoniten in Schleswig-Holstein, Hamburg und Lübeck, Neumünster 1930 (Quellen und Forschungen zur Geschichte Schleswig-Holsteins, 17)

Reimer Hansen: Der Kieler Umschlag. Entstehung, Konjunktur und Funktionswandel eines Geldmarktes vom Ausgang des Mittelalters bis zum Anbruch der Moderne, in: ZSHG 117 (1992), S. 101–134

Kiecksee, Ernst Markus: Die Handelspolitik der Gottorfer Herzöge im 17. Jahrhundert. Ein Beitrag zur schleswig-holsteinischen Handelsgeschichte, Diss. masch. Kiel 1952

Kulturgeschichte

Borzikowsky, Holger (Hrsg.): Von allerhand Figuren und Zeichnungen. Kupferstecher des 17. Jahrhunderts im Umkreis des Gottorfer Hofes, Husum 1981

Cuveland, Helga de: Der Gottorfer Codex von Hans Simon Holtzbecker, Worms 1989 (Grüne Reihe. Quellen und Forschungen zur Gartenkunst, Bd. 14)
Drees, Jan: Rollenspiel und Porträt. Anmerkungen zu einer Caritas-Darstellung von Jürgen Ovens aus dem Jahre 1646 in: Nordelbingen 59 (1990), S. 9–25
– : Höfische Kultur in Gottorfs Glanzzeit (1544–1713), in: Geschichte Schleswig-Holsteins, hrsg. v. Ulrich Lange, Neumünster 1996, S. 267–279
Engelke, Bernd: Musik und Musiker am Gottorfer Hofe, Bd. 1: Die Zeit der englischen Komödianten (1590–1627), Breslau 1930 (Veröffentlichungen der Schleswig-Holsteinischen Universitätsgesellschaft, 15,1) [mehr nicht erschienen]
Grunsky, Konrad (Hrsg.): Schloß vor Husum, Husum 1990
Habich, Johannes: Schloß Gottorf. Spurensuche, Kiel [1980]
Johnsson, Ulf G.: Die Porträtsammlung auf Schloß Gripsholm und ihr Bezug zum Gottorfer Herzogshaus, in: JbSHLM N. F. 1 (1986–1987), S. 15–18
Kadelbach, Ada: Das Husumer Hofleben zur Zeit der Herzogin Maria Elisabeth, in: Konrad Grunsky (Hrsg.): Schloß vor Husum, Husum 1990, S. 105–126
Lafrenz, Deert: Das Kieler Schloß. Der Fürstensitz Herzog Adolfs von Gottorf in Kiel, Hamburg 1987
Landt, Matthias: Die Schloßbauten des Gottorfer Herzogs Adolf im 16. Jahrhundert, Kiel [1986]
Lühning, Felix: Das ganze Universum auf einen Blick. Die Gottorfer „Sphaera Copernicana" von Andreas Bösch, in: Nordelbingen 60 (1991), S. 17–59
Richter, Winfried: Die Gottorfer Hofmusik. Studie zur Musikkultur eines absolutistischen Hofstaates im 17. Jahrhundert, Diss. masch. vervielf. Kiel 1985
Schlee, Ernst (Hrsg.): Gottorfer Kultur im Jahrhundert der Universitätsgründung. Kulturgeschichtliche Denkmäler und Zeugnisse des 17. Jahrhunderts aus der Sphäre der Herzöge von Schleswig-Holstein-Gottorf. Ausstellungskatalog, Kiel 1965
–: Die Bedeutung des Herzogshofes von Schleswig-Holstein-Gottorf für die Geschichte des Uhrenbaus, in: Gemessene Zeit. Uhren in der Kulturgeschichte Schleswig-Holsteins. Ausstellungskatalog Schleswig S. 65–105
–: Das Schloß Gottorf in Schleswig, 2., durchgesehene Aufl. Neumünster 1978
–: Der Bildhauer Hans Ochs, in: Nordelbingen 46 (1977), S. 36–48
–: August John, ein Künstler in Gottorfer Diensten, in: Nordelbingen 51 (1982), S. 77–129
–: Das Andachtsbuch der Herzogin Maria Elisabeth, in: Konrad Grunsky (Hrsg.): Schloß vor Husum, Husum 1990, S. 127–150
–: Herkunft: Gottorfer Kunstkammer, in: JbSHLM N. F. 2 (1990), S. 47–54
–: Zeichnungen von August John, in: JbSHLM N. F. 3 (1990/91), S. 33–44
–: Der Gottorfer Globus Herzog Friedrichs III., Heide 1991 (Kleine Schleswig-Holstein-Bücher, Bd. 41)
–: Schlüter-Göttsche, Gertrud: Jürgen Ovens. Ein schleswig-holsteinischer Barockmaler, Heide 1978 (Kleine Schleswig-Holstein-Bücher)
Schmidt, Harry: Gottorfer Künstler. Aus urkundlichen Quellen im Reichsarchiv zu Kopenhagen, in: QuFGSH 4 (1916), S. 179–321, 5 (1917), S. 235–393
–: Jürgen Ovens. Sein Leben und seine Werke, Kiel 1922
–: Das älteste Verzeichnis der Gottorfer Bibliothek aus dem Jahre 1590, in: Nordelbingen 25 (1957), S. 19–55
Wendt, Antje: Das Schloß zu Reinbek. Untersuchungen und [recte: zu] Ausstattung, Anlage und Architektur eines landesherrlichen Schlosses, Bad Oldesloe u. Reinbek 1994
Zubek, Paul: Otto Jageteuffel – Ein Gottorfer Hofkünstler des 17. Jahrhunderts, in: Nordelbingen 59 (1990), S. 27–50